HARVARD THINKING

하버드씽킹

하버드에 가지 않고
하버드 상위 1%의 마인드를 가질 수 있는 방법

장기민, 변병설 지음

프롤로그

우리는 하버드대학을 나온 사람을 어떤 시각으로 바라보고 있는 걸까? 우월함? 탁월함? 전교 1등? 상위 0.1%? 하지만 하버드생들의 하버드의 생활은 우리 생각만큼 그리 녹록지만은 않을 것이다. 강도 높은 훈련을 받는 것처럼 매일 밤늦게까지 학업과 과제에 시달리며 힘들게 살고 있을 테니 말이다. 여기서 소위 말하는 '워라밸'은 절대 찾을 수 없을 것이다.

펜실베이니아대학교에서 경제학을 공부한 일론 머스크는 전기차로 유명한 테슬라의 CEO이다. 하루 종일 일하고 또 주 7일을 일하는 자신을 보고도 여전히 행운아라고 부르는 사람들에 대해 푸념하는 머스크의 삶에 워라밸은 전혀 존재하지 않는 것처럼 보인다. 하지만 여전히 아이비리그 명문대를 졸업한 대기업의 CEO이자 돈 많은 부자의 삶을 살고 있는 머스크를 대다수의 사람들은 부러워하고 있다.

해병대, 공수부대, 특전사 등등 이름만 들어도 그 훈련의 강도가 엄청날 것만 같은 군부대를 나온 사람들은 자신의 출신 부대에 대한 자부심을 갖는다. 강도 높은 훈련을 매일같이 소화하며 워라밸 없는 삶을 부대에서 보낸 그들은 해병대 또는 특전사로 길들여지면서 해병대씽킹, 특전사씽킹을 하는 사람이 되어버린 것이다. 그들의 자부심은 바로 이 씽킹에서 나온다.

마찬가지로 하버드대학 출신자들에게 저마다의 하버드씽킹이 있음을 필자는 확인했다. 특전사들이 존경과 존중을 받는 건 특전사씽킹이 몸에 베어 있기 때문일 것이고, 하버드 출신을 선호하는 건 아마도 그들에게 하버드씽킹이 있기 때문은 아닐까? 아이비리그 대학원 출신인 필자는 이 부분에 흥미를 갖고 더 깊이 탐구해보기 시작했다.

이 책은 하버드씽킹의 방법론과 유형, 그리고 몇 가지 패턴들을 담았다. 하버드에 가지 않고도 하버드생의 마인드를 가질 수 있는 하버드씽킹의 정의는 많은 사람들을 가슴 뛰게 만들었고, 이제 책을 통해 독자들에게 조금 더 가까이 다가가려 한다.

이 책은 하버드 입시전략을 배우는 책이 아니며 어떤 특정 학문을 깊게 다루는 책 또한 아니다. 하지만 이 책의 방법론들을 잘 이해하고 시도하다 보면 어느새 여러분들은 하버드씽킹을 하고 있게 될 것이다. 하버드대학을 가지 않고서도 말이다.

우리는 우리 자신이 플랫폼이라는 사실을 잘 모른다. 생각하고, 그 생각대로 말하고, 또 자기가 말한 대로 행동하는 그 모든 과정은 '나'라는 플랫폼 위에서 작동하고 있으며 우리는 그것이 '내 씽킹'임을 분명히 자각해야 한다.

그렇다면 내 씽킹이라는 그릇에 하버드를 담아보면 어떨까? 내가 보유한 플랫폼에 하버드가 겹쳐진다면 어떠할까? 아마도 가슴 뛰지 않겠는가?

특전사 훈련을 몸으로 받지 않고서는 절대 특전사씽킹을 할 수 없다. 훈련의 과정이 몸의 행동으로 이루어져 있기 때문이다. 하지만 하버드씽킹은 지금 이 자리에서 당신도 할 수 있다. 하버드씽킹의 더 많은 매력은 이 책에 자세히 소개되어 있다.

저자 장기민, 변병설

프롤로그

CONTENTS

프롤로그

Part. I
하버드씽킹 방법론

우리는 하버드를 어떻게 생각하는가
1. 상징적 개념의 하버드 015
2. 신뢰의 척도, 하버드 019
3. 우월성의 기준, 하버드 023
4. 하버드 구조주의 026
5. 하버드씽킹의 구조주의 030

하버드에 가지 않고도 하버드생의 마인드를 가질 수 있는 시대
1. 미국에 가지 않고도 하버드생처럼 될 수 있는 방법 034
2. 하버드씽킹을 위한 준비 038
3. 하버드씽킹을 위한 3가지 플랫폼 040
4. 하버드씽킹을 위한 2가지 슈퍼플랫폼 046

하버드씽킹 내부 설계
1. 하버드씽킹 브레인 인테리어 051
2. 하버드씽커 되기 056
3. 하버드씽킹 실행하기 062

하버드씽킹 외부 설계

1. 하버드씽킹 인사이트 디자인   069
2. 하버드씽커 되기   077
3. 하버드씽킹 실행하기   081

하버드씽킹 플랫폼

1. 플랫폼씽킹   084
2. 유튜브의 플랫폼씽킹   086
3. 하버드씽킹 퍼스널브랜딩 플랫폼   090

플랫폼씽킹 성과향상 디자인

1. 과제 플랫폼 정의하기   093
2. 나의 플랫폼 정의하기   095
3. 일 처리 방식 플랫폼 정의하기   097

하버드씽킹 X 플랫폼씽킹

1. 제품형 하버드씽킹   100
2. 공간형 하버드씽킹   105
3. 도시형 하버드씽킹   109

Part. II
하버드씽킹 칼럼

하버드씽킹의 대화법

1. 창의성에 대한 하버드씽킹　　　　　　　119
2. 3세대 CEO의 하버드씽킹　　　　　　　122
3. 대화의 방법에 대한 하버드씽킹　　　　　126
4. 하버드씽킹의 공간대화법　　　　　　　129
5. 비대면에 대한 하버드씽킹　　　　　　　132

하버드씽킹 매니지먼트 I

1. ESG에 대한 하버드씽킹　　　　　　　　137
2. 디자인경영의 하버드씽킹　　　　　　　　140
3. 혐업에 대한 하버드씽킹　　　　　　　　143
4. 출퇴근에 대한 하버드씽킹　　　　　　　146
5. B급 상품 비즈니스에 대한 하버드씽킹　　149

하버드씽킹 매니지먼트 II

1. 공감에 대한 하버드씽킹　　　　　　　　154
2. 1분에 대한 하버드씽킹　　　　　　　　　157
3. 비즈니스 미학에 대한 하버드씽킹　　　　160

하버드씽킹 리더십

1. 리더의 개념과 유형　　　　　　　　　　165
2. 리더십, 그 권력의 주인　　　　　　　　　168
3. 리더십의 기술　　　　　　　　　　　　　171
4. 리더의 감정관리　　　　　　　　　　　　174

하버드씽킹 스타트업 I
1. 4주 안에 하버드생의 마인드 가지기   179
2. 하버드씽킹 퍼스널브랜딩   184
3. 하버드씽킹 비즈니스 브랜딩   186

하버드씽킹 스타트업 II
1. 스타트업의 성장에 대한 하버드씽킹   191
2. 창업의 포지션에 대한 하버드씽킹   194
3. 브랜딩에 대한 하버드씽킹   197
4. 확장에 대한 하버드씽킹   199

Part. III
디자인씽킹

디자인씽킹
1. 세종대왕의 디자인씽킹   207
2. 세종, 경청의 군주이자 조선 최고의 디자이너   209
3. ESG의 외길을 걸어온 파타고니아   212
4. 공감의 비즈니스   215
5. 문제를 문제답게 정의하기   218
6. 故김광석의 디자인씽킹, 그리고 마지막 해외 공연   221
7. 디자인씽킹 X 하버드씽킹   224

에필로그

하버드씽킹 방법론

1
우리는 하버드를 어떻게 생각하는가

1. 상징적 개념의 하버드

　우리나라 사람들은 대체적으로 다른 대학 출신자들에 비해 서울대 출신자가 더 우월하다고 생각하는 경향이 있다. 우리는 뭔가에 열중하고 있는 사람을 향해 우스갯소리로 말한다. "너 예전부터 이렇게 열심히 공부했으면 진작에 서울대 갔겠다!" 이처럼 우리가 쉽게 내뱉는 말과 그 말의 근간이 되는 생각(Thinking) 속에서 서울대는 단순한 교육기관이라기보다 우월함을 나타내는 어떤 상징적인 어휘로써 사용되고 있다. 다시 말해 서울대에 간다는 건 우월해진다는 말의 다른 표현이라 할 수 있으며 사회적 성공을 향해 더 빠르게 움직이게 되었다는 뜻이 될 것이다.

서울대 출신 Artist

서울대 출신 가수 빈지노, 장기하, 이적 그리고 김태희, 서경석 등 방송계의 유명인들은 대중들로부터 처음 주목을 받게 될 당시부터 서울대 출신이라는 점이 크게 부각되었다. 일명 '서울대 효과'가 크게 한몫을 했던 것이다. 기자들은 아티스트를 설명하는 수식어로 '서울대'라는 단어를 앞다투어 사용했고, 이를 통해 아티스트에게 별로 관심이 없던 대중들의 시선까지도 톡톡히 챙겨오는 효과를 거둘 수 있었다.

우리나라의 상위층 사교육 문화를 풍자한 jtbc드라마 'SKY캐슬'에서도 서울대라는 단어는 매번 등장했다. "너 그렇게 공부해서 서울대에 갈 수 있겠어?!"라며 자녀에게 소리치는 주인공의 대사는 공부의 목적이 곧 서울대 입학이 되어 버린 우리의 관념적 교육 시스템을 정확히 꼬집고 있다. 더 놀라운 것은 어떠한 시청자도 이 내용에 대해 이의를 제기하지 않았다는 점이다. 즉, 서울대가 아닌 국내 다른 대학명을 대사에 사용하지 않고, 굳이 서울대만 등장시킨 것을 두고 불편한 심정을 드러낸 시청자가 없었다는 것이다. 표현의 자유가 충분히 보장된 사회임에도 불구하고 어떻게 이런 일이 벌어질 수 있었던 것일까?

일본의 동경대, 중국의 북경대, 영국의 옥스퍼드대, 그리고 미국의 하버드대까지 특정 국가를 대면 먼저 떠오르는 명문대학의 이름과 이미지가 있다. 그리고 그 대학 출신자들은 우리나라의 서울대생들처럼 최고라는 수식을 한 몸에 받고 있다. 이미 우리의 생각 속에서 '서울대'라는 단어의 개념은 학교를 뜻하는 물리적인 장소성보다도 최고를 의

미하는 상징성이 더 크게 작용 하고 있는 것이다.

우리나라 안에서 최고의 상징성을 나타내는 단어가 서울대라고 한다면, 전 세계적으로 최고의 상징성을 담고 있는 단어가 있는데 그건 바로 하버드(Harvard)이다. 우리나라 입시교육의 궁극적 최대목표가 서울대인 것처럼 전 세계 여러 나라의 우수한 인재들은 하버드를 목표로 열심히 노력하며 공부하고 있다.

사실 평가기관과 평가의 기준, 그리고 평가항목에 따라 매년 대학의 순위는 다르게 나타나고 있다. 어떤 분야에서는 서울대보다 높은 순위를 기록하는 대학이 나오기도 하고, 이 때문에 서울대의 순위가 다른 대학보다 낮아져 최고라는 이미지 유지에 잠시 쉼표를 찍게 되기도 한다. 하지만 이러한 순위 변동 때문에 서울대가 최고라는 상징성이 우리의 인식 속에서 쉽게 변해버리지는 않는다.

미국에는 하버드 주변의 동부 대학을 포함한 아이비리그와 MIT, 스탠포드 대학 등 우수한 대학들이 넘쳐난다. 이들의 치열한 경쟁 때문에 모든 대학 평가에서 매번 하버드가 1위를 유지하는 건 상식적으로 불가능한 일이다. 하지만 여전히 사람들의 인식 속에서 하버드는 제일 좋은 대학으로 자리매김하고 있고 하버드 출신자가 갖는 '하버드'의 상징성은 퇴색되지 않은 채 꾸준히 유지되는 중이다. 하버드가 갖는 최고라는 상징성은 전 세계인들의 머릿속에 이미 각인 되어있다.

해병대를 나온 사람들은 군대를 전역 했음에도 불구하고 여전히 해병으로서의 자부심을 갖고 사회 속에서 살아간다. 물리적으로 몸이 군부대 안에 있지 않은데도 어떻게 이런 일이 일어날 수 있는 것일까? 해병대 출신자들은 그들만이 할 수 있는 일종의 '해병대씽킹'을 하고 있기 때문일 것이다.

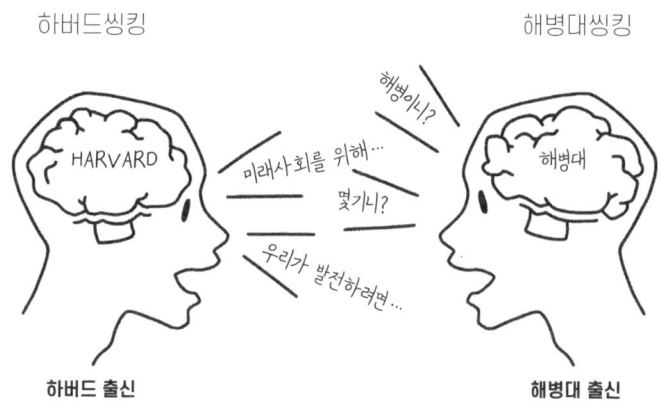

하버드 출신자들은 경험적 측면에서 '하버드씽킹'을 하며 살아간다. 그들만이 할 수 있는 그 사고방식(Thinking)을 알아낸다면 우리도 최고라 불리는 상징성을 얻게 될 것이다. 결과론적 측면에서 하버드 출신자들과 현재의 우리가 현재 다른 점은 '하버드씽킹'을 하고 있느냐 하지 않고 있느냐의 차이이다.

2. 신뢰의 척도, 하버드

똑같은 말이라 할지라도 누가 했느냐에 따라 그 의미와 파급력이 크게 달라지는 경우가 종종 있다.

"나는 말이야, 인생은 속도보다 방향이 중요하다고 생각해"

수년째 취준생 상태에만 머물러있는 사촌 형이 위와 같은 말을 했다고 가정해보자. 아직 취업을 못한 상태이니 소속이 없어 당연히 속도를 낼 수 없을 것이다. 그렇기에 저 말은 어디로 갈지 인생의 방향만 가늠하며 아까운 세월을 보내고 있는 무능한 청춘의 변명처럼 들릴 수 있을 것이다. 물론 위 문장에 개인의 철학적 서사가 전혀 없다고는 할 수 없다. 하지만 저 문장이 오랫동안 취준생으로 지내고 있는 사촌 형이 한 말이라는 사실을 알게 된다면 철학적 요소를 찾으려 하기보다 변명의 일환이라 대부분 생각하게 될 것이다.

"인생은 속도가 아니라 방향이다."
<괴테>

이 말은 실제 괴테의 명언인 동시에 위에 나온 취준생 사촌 형이 했던 말과 동일한 내용이다. 하지만 우린 괴테의 말은 깊이 있게 생각하고 받아들이려는 반면 사촌 형의 말은 그저 그런 푸념으로만 일관하려 하는 경향을 보인다. 왜 이런 현상이 나타나는 것일까? 그건 바로 우리가

무의식중에 어떤 내용의 말인지보다 누가 한 말인지를 더 중요하게 여기고 있기 때문일 것이다.

TV 뉴스를 보다 보면 기자들이 취재내용과 관련 있는 분야의 전문가를 찾아가 인터뷰하는 모습을 종종 볼 수 있다. 사실 해당 전문가와의 인터뷰 내용에 특별한 것이 없을지라도 "서울대학교 교수 김**"이라는 자막이 밑에 깔린다면, 우리는 그 인터뷰 내용을 '진짜 전문가'가 한 말로 여기는 동시에 신뢰하려 할 것이다.

이 같은 현상은 제품을 판매하는 마케팅에서도 활용된다. 제품 광고에 '서울대학교 연구진과 공동개발'이라는 문구가 들어가면 제품의 성

분이나 스펙에 대한 구구절절한 언급을 하기 전부터 고객들에게 신뢰를 얻고 시작하는 효과가 발생한다. 이처럼 우리는 서울대를 비롯한 명문대학의 교수들이 하는 생각(Thinking)을 신뢰하고 있으며 그들의 연구 결과를 큰 의심 없이 받아들일 준비가 되어있는 것이다.

그렇다면 하버드의 경우는 어떨까? 제품 광고에 '하버드대학 연구진이 개발한 상품'이라는 문구를 보게 된다면 우리는 먼저 신뢰하고 그 제품을 접할 것이다. TV 뉴스에서 누군가와 인터뷰를 진행하는 모습이 나오는데 하단에 "하버드대학교 ***교수"라는 자막이 뜬다면 우리는 그가 하는 말들을 그냥 흘려듣지는 않을 것이다. '하버드'라는 개념이 전 세계 대중들에게 전달하고 있는 신뢰와 파급력이 그만큼 크기 때문일 것이다.

해병대 출신자들이 일명 '해병대씽킹'을 하며 세상을 살아가듯, 하버드대 출신자들에게도 '하버드씽킹'이 분명히 존재한다. 그들은 하버드대학교라는 물리적 공간 안에서 생활하며 그 대학을 함께 다니는 사람들과 커뮤니케이션을 하고, 하버드대학 교수의 강의를 들으며 하버드씽킹(Harvard Thinking)을 조금씩 완성해간다. 결국 하버드씽킹은 하버드대학 교수의 강의를 듣고 이해할 수 있는 지식 플랫폼을 갖추면 어느 정도 구성이 가능해진다는 얘기다. 하버드대학 교수가 진행하는 강의는 하버드생만 들을 수 있었다. 하지만 온라인 강의 매체의 발달로 인해 지금은 굳이 하버드생이 아니더라도 의지만 있다면 하버드 강의를 들을 수 있게 되었다.

　서울대를 나온 사람들은 저마다 서울대씽킹을 하며 지내고, 우리는 그 서울대씽킹을 신뢰하고 또 존중해준다. 하지만 서울대씽킹의 파급력은 서울대학교의 우수성을 인지하고 있는 우리나라와 일부 해외까지만 한정된다.

　반면 하버드씽킹은 미국뿐 아니라 전 세계 어느 나라에서나 그 파급력을 자랑한다. 그것이 글로벌 시대인 지금, 우리가 대외적 경쟁력 강화를 위해 반드시 하버드씽킹(Harvard Thinking)을 해야만 하는 이유다.

3. 우월성의 기준, 하버드

우리는 누군가 하버드대학을 나왔다고 말하면 그 사람을 상대적으로 우월하다고 여기는 경향이 있다. 하버드대학의 경우뿐 아니라 같은 아이비리그인 프린스턴대, 예일대, 펜실베이니아대학 출신자들도 사회적으로 더 우월한 시선을 받으며 더 나은 대접을 받곤 한다.

우리나라의 경우도 마찬가지다. 흔히 SKY라 불리는 서울대, 연고대를 나온 사람들은 타 대학 출신자들에 비해 상대적으로 더 우월하다는 시선을 받으며 사회생활을 하고 있는데 인정할 수밖에 없는 사실이다. 그런 우월한 시선을 받기 위해 지금도 한국 사회는 치열한 사교육 문화가 진행 중이며 이 중에는 아이비리그나 해외 유학을 목표로 노력하는 이들이 있기도 하다. 이렇게 서울대나 하버드대를 졸업한 이들은 그 우월성을 인정받아 취업이나 투자시장에서 다른 케이스보다 더 좋은 기회를 얻게 되기도 한다. 하버드나 서울대라는 거대한 브랜드 가치가 지속적으로 삶에 도움을 주는 일종의 수호천사이자 동력이 되는 것이다.

하버드가 개인 퍼스널브랜드(Personal Brand)의 우월성을 입증하는 지표로 작용한다면, 하버드 출신자들이 어떠한 퍼스널브랜드를 보유하고 있는지 한번 살펴볼 필요가 있다. 하버드대학을 거쳐 완성된 퍼스널브랜드가 여러 기업으로부터 러브콜을 받게 되는 주요 요인이라고 한다면, 우리도 그 퍼스널브랜드를 벤치마킹하여 사회적 기대수요를 생성하는 동시에 우리가 원하는 어떤 기업으로부터 러브콜을 받을 수 있을 것이다.

사실 하버드대에서 받게 되는 교육의 기회는 하버드대학에 입학할 자격이 있는 사람들에게만 주어지고 실제 교육은 하버드대학생만 받을 수 있다. 하지만 하버드대학에 입학할 자격을 갖추거나 실제 하버드대생이 된다는 건 일반인들에겐 너무 어렵고 막연하기만 한 이야기이다. 전 세계에 하버드를 동경하는 사람은 많지만 정작 하버드생은 별로 없다. 우리는 그 희소성 때문에 하버드를 리스펙(Respect)하는 것일까?

전 세계 각 나라마다 하버드와 같은 상징적 우월성은 존재한다. 우리나라는 서울대, 일본은 동경대, 중국의 경우 북경대와 같이 각 나라에는 우월함으로 상징되는 대학이 존재하고 있으며 그 대학은 주변 여러 나라에 영향력을 행사하고 있다. 하지만 서울대를 나온 사람이 국제무대에서 한국의 대학에 대해 잘 모르는 사람을 만났을 경우, 한국 및 서울대에 대한 부연 설명을 해야만 하는 번거로움이 발생한다. 동경대 역시 마찬가지로 일본 내 대학에 대한 정보가 전혀 없는 다른 나라 사람을 만났을 때는 동경대학에 대한 설명을 해줘야만 한다. 하지만 하버드는 그런 설명을 할 필요가 없다. 하버드라는 단어 자체에 전 세계에서 통용되는 우월함과 상징성이 담겨있기 때문이다.

우리가 하버드 출신자에게 기대를 거는 이유는 하버드에 입학할 만한 뛰어난 두뇌를 가졌기 때문도 있지만 하버드 출신자만 할 수 있는 사고방식이 존재하기 때문이기도 할 것이다. 이 사고방식(Thinking)이 일상생활 중에 어떤 문제를 발견했을 때 더 나은 해결 방법을 제시하거나 더 효율적인 방향으로 일을 추진하게 하는 원동력이 되어 줄 것을 기대하기 때문이다. 우리가 만약 하버드씽킹을 할 수만 있다면, 하버드대학을 나온 사람들처럼 사회적으로 우월한 인식을 얻으며 더 빠른 성장을 할 수 있을 것이다.

이제 하버드씽킹의 상징성과 우월함은 어떻게 구조화되어 있으며 우리에게 어떻게 영향을 끼치는지를 구조주의적인 관점에서 분석해보려 한다. 이를 통해 하버드씽킹의 플랫폼을 이해하고 '나'라는 존재의 플랫폼에 하버드씽킹을 어떻게 적용할 수 있는지 알아보자.

4. 하버드 구조주의

구조주의(Structuralism)는 어떤 사물의 의미가 개별로 존재하는 것이 아닌 전체라는 체계 안에서 관계에 따라 규정된다는 철학이자 일종의 사고방식이다. 하버드가 상징성 또는 우월함을 나타낸다는 건 우리가 살고 있는 세상의 큰 틀 속에서 지금의 하버드 모습으로 구조화되어 있기 때문일 것이다.

만약 하버드대학이 전 세계에 오직 하나뿐인 대학이라고 하거나 전 세계의 모든 대학이 하버드대학의 캠퍼스라고 가정한다면 하버드는 지금과 같은 큰 우월성을 나타내지 못하게 될 수도 있다.

하지만 우리가 알고 있듯이 세계 각 나라에는 수많은 대학이 존재하고 있고, 그들은 저마다 자기 나라의 하버드대학이 되기 위한 노력과 경쟁을 지속하고 있다. 대학이 자기가 속한 나라의 하버드가 되려 하고, 전 세계 속에서 하버드처럼 되기 위해 노력한다는 건 대학이 경쟁체제 속에서 살고 있다는 걸 의미하는 동시에 전체를 구성하는 체계가 분명히 있다는걸 뜻하기도 한다.

구조주의에는 관련된 많은 학자가 있지만 여기서는 소쉬르(Ferdinand de Saussure, 1857-1913)의 언어이론에서 발견된 구조주의를 다루려고 한다. 소쉬르는 언어 현상을 글자 기호인 랑그(Langue)와 소리인 파롤(Parole)로 구분하여 개념을 정리한 바 있다. 하지만 기호가 단어의 의미와 절대적으로 연관되지는 않는다고 말한다.

즉 우리나라에서 '강아지'라고 표현하는 실제 강아지는 우리나라에서만 '강아지'라는 기호로 표기하고 있을 뿐, 영어권에서는 'Dog'라고 표기하고 있기 때문이다. 기호가 다를지라도 강아지의 의미는 변하지 않기에 언어이론에서 랑그는 소속 체계 안에서 사람들과의 약속일 뿐으로 정의되고 있다. 구조주의는 이처럼 체계를 중시하는 소쉬르의 언어이론에서 출발했다.

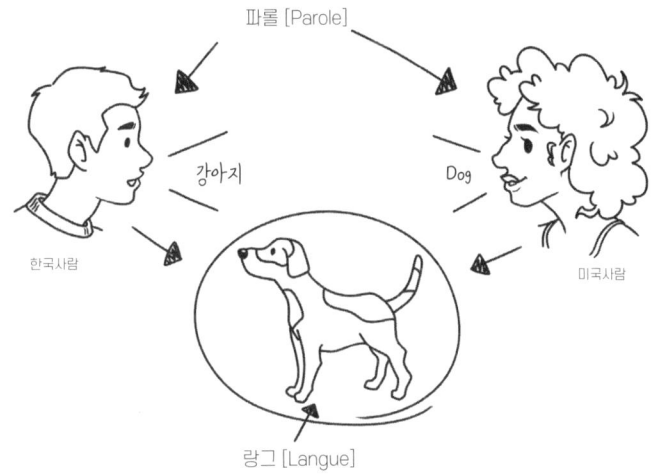

구조주의적인 관점으로 볼 때 대한민국 국내의 유명 대학들은 우리나라 안에서 대체적으로 인정받으며 그 파급력을 드러낸다. 일본과 중

국 등 주변 국가에 있는 유명 대학들 역시 마찬가지로 해당 국가 내에서 큰 파급력을 보이고 있다.

그들은 주변 국가에도 영향력을 분명 미치고 있기는 하지만 소속 국가 내에서의 영향력이 더 크다. 반면 미국 하버드대학의 경우는 미국이라는 소속 국가 차원의 체계가 아닌 전 세계를 체계로 하여 많은 영향력을 행사하고 있다.

다시 말해 서울대의 경우, 대한민국 내에 있는 우리 관점으로 본다면 매우 큰 영향력을 행사하고 있는 대학의 개념이지만, 근처 이웃 나라 또는 다른 국가에서는 서울대를 잘 모를 수 있으며, 또 '서울대'의 발음이 아닌 자기 나라의 언어 식 발음을 통해 서울대를 인식할 수도 있다.

하지만 하버드는 미국 내 뿐만이 아닌 전 세계를 범위로 그 영향력을 행사하며 '하버드'의 발음을 대부분 하버드 그 자체로 발음하고 인식한다. 국내와 글로벌 간의 인지 범위 및 점유도 차이가 하버드와 비(非) 하버드 사이에서 나타나고 있는 것임을 가볍게 이해할 수 있다.

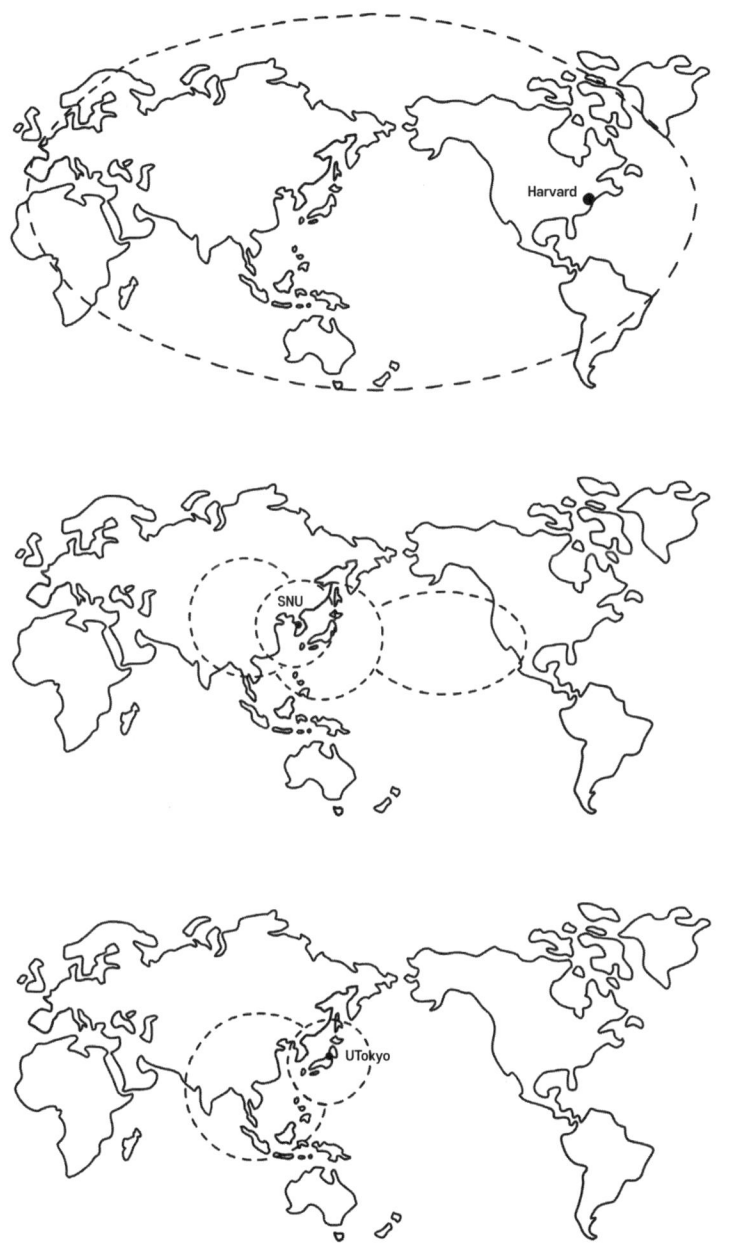

하버드씽킹 방법론

5. 하버드씽킹의 구조주의

하버드씽킹은 하버드에서 이루어진 강의를 들은 뒤 이를 이해하는 과정을 도식화한 내용으로 이해해볼 수 있다.

우리의 머리가 일종의 플랫폼이 되고 그 플랫폼 안에 하버드의 지식이 주입되었다가 우리의 말과 표현을 통해 다시 외부로 송출되는 과정을 뜻한다.

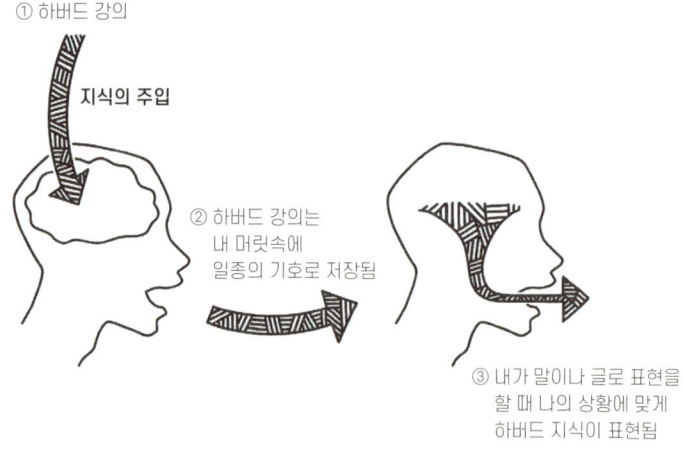

하버드의 지식이 내 안에 들어와 내 관점의 옷을 입고 나의 지식이 되어 사람들에게 전달되는 과정을 뜻하기도 한다. 이 과정에서 강력한 퍼스널브랜딩(Personal Branding)이 이루어진다.

'나'라는 큰 그릇이 존재하는 상황에서 하버드 지식을 그 안에 담근 뒤 꺼내는 것이다. 이는 하버드의 강의에 나타나는 정보와 지식을 내 관점으로 옷 입히고 내 지식으로 탈바꿈시키는 것이다. 하지만 본질은 하버드강의이기 때문에 정보의 전문성은 유지될 수 있다.

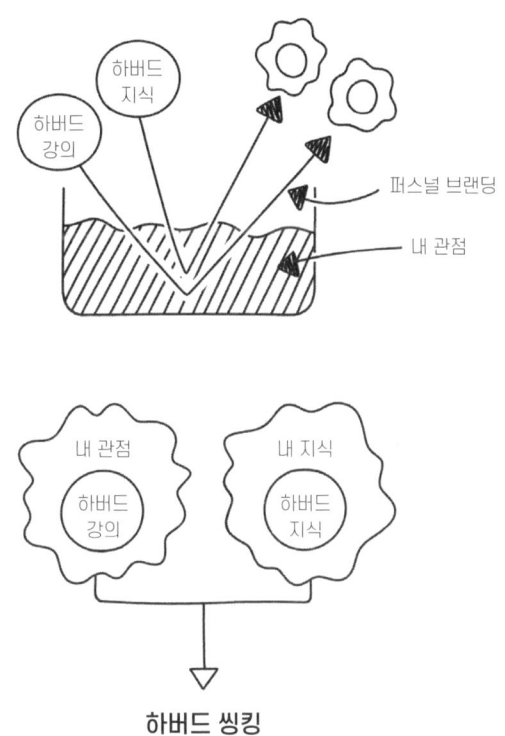

Summary

1. 하버드(Harvard)는 학문 분야뿐만 아니라 전 세계적으로 모든 의미에서 최정상의 상징성을 띠고 있다.

2. 그들의 사고방식(Thinking)을 알아낸다면 우리도 최고라 불리는 상징성을 얻을 수 있다.

3. 퍼스널브랜드의 우월성 입증 :
   같은 말을 하더라도 누가 했느냐(신뢰의 척도)에 따라 그 의미와 파급력은 달라지고 글로벌 시대인 지금, 우리는 하버드씽킹(HarvardThinking)을 해야만 한다.

4. 세상의 큰 틀 속에서 하버드가 상징성과 우월성을 갖게 된 것은 지금의 모습으로 구조화되어 있기 때문이다.

5. 강력한 퍼스널브랜딩 :
   하버드씽킹이란 하버드의 강의에서 나타나는 정보와 지식을 자신만의 관점과 지식으로 탈바꿈시키는 것이다.

6. '나'라는 그릇에 하버드의 지식을 담으면 우리도 하버드씽킹으로 전문성을 가질 수 있다.

2

하버드에 가지 않고도
하버드생의 마인드를 가질 수 있는 시대

1. 미국에 가지 않고도 하버드생처럼 될 수 있는 방법

우리는 그 필요를 직감하고는 있었지만 딱히 서두르지 않고 있었던 원격 미래 시대를 코로나19 덕분에 빠르게 시작할 수 있었다. 시간의 흐름에 맞춰 자연스럽게 경험하게 된 원격 시대였다면 그 당위성을 인정하며 몸이 빠르게 적응해 나갔을 텐데, 원하지 않던 요인에 의한 원격 미래 시대의 강제적인 개막은 우리에게 다소 어색한 느낌으로 다가왔고 우리의 새로운 시대는 그렇게 시작되었다.

AI가 주도하는 4차 산업혁명 시대를 살고 있는 지금, 코로나19의 전파와 맞물려 국내 각 대학들도 디지털 캠퍼스 시대를 준비하게 되었다. 고려대는 사물인터넷(IoT)과 AI 기술 및 빅데이터를 활용해 학교 출입 시 교내 모든 활동을 비대면 인증으로 전환하는 체제를 준비해왔으며 단국대와 서울시립대, 건국대 역시 막대한 예산을 투입해 온·오프라인 하이브리드 캠퍼스 및 디지털 캠퍼스 추진을 2019년 이후부터 진행해 왔다.

이러한 원격 비대면 수업의 강점을 살리면 공간의 제약 없이도 원하는 대학의 수업을 받을 수 있으며, 학교에 직접 가지 않더라도 출석을 인정받을 수 있게 된다. 하지만 비대면 수업은 오프라인 수업에 비해 강의의 질과 전달력이 낮아진다는 평을 받고 있고, 학생들 서로 간 원활한 교류의 제약 또한 있어 개선할 점에 대한 지적이 이어지고 있다. 결국 기존 오프라인 방식의 강의를 수강한 세대들에 비해 원격 수업 세대들은 졸업 시 교육 완성도가 저하 될 우려를 낳고 있다. 우리가 이런 체제 속에서 비대면 교육을 받게 되면 만약 서울대를 나오더라도 기존 서울대생보다 낮은 퀄리티의 서울대 졸업생이 될 수도 있다는 뜻이 될 텐데, 이런 상황 속에서 우린 자기 숙련도를 높이기 위해 어떤 노력을 해야 하는 것일까?

미국 명문 공대인 MIT에 입학한 적이 없었음에도 단 1년 만에 MIT 컴퓨터과학(Computer Science) 4년 과정을 마스터해 미국에서 큰 화제가 된 스콧 영(Scott Young)이라는 인물이 있다. 스콧 영은 지식과 기술을 스스로 얻기 위해 획기적인 고강도 학습 전략을 고안해 냈다. 그는 오픈 컬리지를 통해 제공된 MIT 컴퓨터과학 전공 33개 수업을 1년 만에 이수해 내었다. 이는 짜여진 교육의 틀 안에서 제공되는 강의만을 이수하며 지내던 기존의 수동적 구조를 완벽하게 허무는 작업이었다.

스콧 영이 추구하는 학습법의 핵심은 공부하는 내용의 이론을 쉽고 빠르게 흡수하여 완벽히 자신의 것으로 만드는 혁신적인 맞춤형 독학에 있다. 그동안 우리는 뭔가를 배우는 가장 좋은 방법이 오직 학교에 가서 수업을 듣는 것이라고만 생각해왔다. 하지만 같은 시간 학교에서 수업을 들을지라도 그 수업의 내용을 어떻게 받아들였느냐에 따라 자기 발전의 결과는 전혀 다르게 나타난다. 즉, 대면 수업과 비대면 수업 간 질적 차이가 발생한다기보다 수업을 듣는 사람이 어떤 의지로 수업의 내용을 받아들이느냐에 따라 교육의 질이 결정된다고 할 수 있는 것이다.

어떤 사람은 MIT에 4년 넘게 다니며 공부했음에도 불구하고 코로나19 상황 때문에 만족스러운 결과를 얻지 못했다고 말할 수 있다. 하지만 MIT에 입학한 적이 없음에도 4년간 배우는 전 과정을 집에서 1년 만에 마스터한 사람도 있음을 알아야 한다. 우리는 얼마나 멋지고 유명한 대학에서 대학 생활을 할지를 생각하기 전에 우리 안에 무엇을 얼마나 배우고자 하는 의지가 있는지를 먼저 확인해야 한다.

하버드대학의 사회학자이자 심리학자인 하우스 블레드는 다수의 사람들에 의해 무시당하던 지난 역사가 소수의 사람들에 의해 변화되었다고 말한 바 있다. MIT에 입학한 적이 없어도 MIT를 졸업한 사람 보다 더 많은 호응을 얻고 있는 스콧 영의 학습 방법은 다수가 택할 수 있는 학습 방법은 분명 아니다. 하지만 이런 놀라운 성과는 사람들의 호감을 불러일으켰고, 설득력을 얻으며 지지자가 늘어나게 되었다.

지금 시대는 유튜브를 비롯한 매체만 잘 활용해도 훌륭한 대학 교육을 받을 수 있을 만큼 질 높은 온라인 강의가 넘쳐나고 있다. 이러한 시대적 상황 속에서 우리는 전략만 잘 세우면 원하는 대학의 강의를 집에서 들을 수 있다. 하버드대학의 3시간짜리 강의를 한번 듣기 위해 미국 동부 매사추세츠까지 다녀올 필요가 없는 것이다. 가장 중요한 것은 '어디서 공부하고 있느냐'가 아니라 '무엇을 얼마나 어떻게 공부하고 있느냐'이다.

2. 하버드씽킹을 위한 준비

정보화가 이미 성숙기 단계로 접어든 시대에 살고 있는 우리는 여러 곳에 흩어져 있는 정보를 잘 선별하고, 취합하는 큐레이션의 과정을 통해 나의 지식으로 가공해 낼 수 있다. EBS, YouTube를 비롯하여 온라인 내의 많은 오픈 강의를 잘 활용하기만 해도 실제 하버드대학에서 학생들이 듣고 경험하는 수업의 내용을 집에서 학습할 수 있다. 그 강의 내용을 그냥 듣고 흘려버리는 것이 아니라 꼼꼼하게 필기하고 메모하며 나의 지식으로 만들려고 노력한다면 하버드씽킹의 절반은 이미 성공했다고 볼 수 있다.

우리는 명사의 강의나 특별한 강연을 듣게 되면 그 강연자가 가지고 있는 스토리를 통해 인사이트를 얻게 될 때가 있는데 그 인사이트를 뼈대 삼아 관련된 많은 정보를 수집하고 살을 붙여 나가면 온전한 나의 지식으로 탈바꿈된다. 하버드대뿐만 아니라 세계 여러 대학의 엘리트들도 이런 방식으로 내 머릿속 토양에 강의라는 씨앗을 뿌린 뒤 정보를 취합해 뿌리를 내리고 성과의 싹을 틔워 자기만의 열매를 얻는다.

하버드생들도 하버드대학의 강의를 들은 후 이러한 방식으로 강의의 내용을 자기 것으로 소화한다. 방금 들은 강의 내용 그 하나만 머리에 담아놓으려 한다면, 그 내용은 너무도 쉽게 휘발되어 우리 머릿속에서 완전히 자취를 감추어 버리게 될 수도 있다. 이를 방지하기 위해 강의 내용에 최대한 정보를 많이 붙여서 뿌리내리게 하고 그 뿌리가 쉽게 머릿속에서 뽑히지 않도록 머릿속에 지식으로 심어 놓는 것이다.

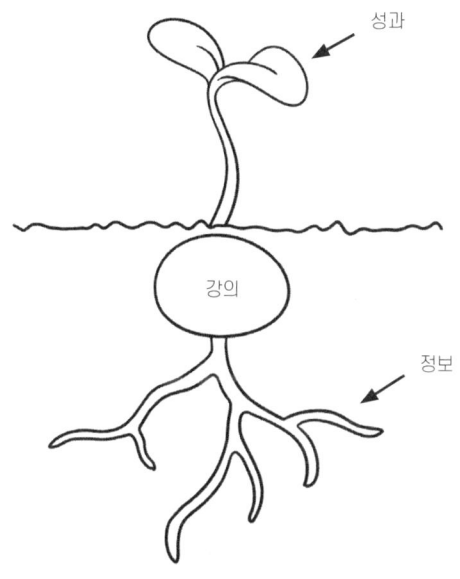

 다만 그 지식의 토대가 되는 강의 내용을 어느 대학의 어떤 교수가 강의했는지 정도는 반드시 숙지하거나 기록해두는 것이 좋다. 앞서 이야기한 것처럼 내 지식이 지식으로서의 힘을 발휘하기 위해서는 충분한 객관성이 있어야 하는데, 유명 대학의 유명 교수가 했던 강의 혹은 말이라고 먼저 밝히면 충분한 공신력을 얻을 수 있다. 이를 통해 내 지식의 설파가 단순히 '내 주장'으로만 그치는 것이 아닌 객관성을 토대로 한 지식의 플랫폼으로 인식되고 기능할 수 있을 것이기 때문이다.

3. 하버드씽킹을 위한 3가지 플랫폼

하버드씽킹의 목표는 우리가 하는 생각과 말에 프리미엄의 가치가 덧입혀져 우리의 존재가 타인으로부터 존중받으며 고부가 가치를 실현해내는 것이라 할 수 있다.

하버드씽킹을 위해서는 우리가 가진 플랫폼을 먼저 분석해야 하는데, 이 과정에서의 플랫폼은 크게 3가지로 분류된다.

<플랫폼의 3가지 분류>
- 제품 플랫폼 Product Platform
- 공간 플랫폼 Spatial Platform
- 도시 플랫폼 Urban Platform

• 제품 플랫폼 Product Platform

우리가 사용하는 모든 제품은 저마다의 기능이 있으며, 그 기능에 의해 제품의 카테고리나 네이밍이 완성된다.

세탁기를 예로 들어보면, 세탁기라는 제품의 기능은 다름 아닌 빨래를 세탁하는 것이다. 따라서 세탁기라는 제품에 대해 우리가 기대하는 바의 핵심은 더러워진 옷을 깨끗하게 변화시켜 주는 것이 핵심이라고 할 수 있다.

냉장고를 예로 들어보자. 음식이 상하지 않게 낮은 온도를 유지하며 싱싱함을 유지해 주는 것이 냉장고라는 제품에 대해 우리가 기대하고 있는 핵심 가치라고 할 수 있다.

그 외 식기세척기, 무선 청소기, 컴퓨터, 모니터, 마우스 등등 세상에 존재하는 모든 제품은 저마다의 기능을 위해 존재하고 있으며, 그 기능을 수행하는 데 문제가 없어야 한다. 기능에 문제가 없어야만 그 가치를 인정받아 제품으로 이름 붙여질 테고, 만약 아무 기능을 하지 못한다면 그건 그냥 자리를 차지하고 있는 네모난 상자에 불과하게 될 것이다.

나 자신을 제품 플랫폼으로 분석해본다면, 나는 어떤 제품인지 어떤 기능을 할 수 있는 사람인지 생각해 볼 수 있다.

의사나 변호사는 제품 플랫폼으로 정의 내리기가 수월하다. 의사나 변호사에게 우리가 기대할 수 있는 능력이나 가치가 분명하게 분류되어 있기 때문에 우리는 몸이 아프면 의사를 찾고, 억울한 일이 생기면 변호사를 찾아가게 되는 것이다.

• 공간 플랫폼 Spatial Platform

우리는 공간을 방문하면서 일상생활을 한다. 학교와 강의실이라는 공간, 회사와 사무실이라는 공간, 식당이라는 공간, 카페라는 공간, 그리고 집에 오면 집이라는 공간, 또 내 방이라는 공간. 우리가 공간을 방문하는 이유는 그 공간에서 얻고자 하는 바가 분명히 있기 때문이다. 만약 공간이 우리가 원하는 바를 제공해주지 못한다면 우린 더 이상 그 공간에 방문할 이유가 없으며 해당 공간의 가치는 사라지게 된다.

공간 플랫폼은 우리가 설정한 콘셉트에 의해 그 정체성이 결정되며 사람들이 필요로 하는 정도 또는 우리 노력의 정도에 따라 유입률이 높아질 수도, 낮아질 수도 있다. 또한 공간 내에는 공간을 구성하고 있는 여러 가지 오브제(Objet)들이 있으며 공간을 방문하는 사람들은 그 안에 놓여 있는 여러 제품들을 사용하게 된다. 즉, 공간 플랫폼은 저마다의 기능을 가지고 있는 제품을 공간 내에 배치하여 공간이 추구하는 컨셉을 구현하는 도구로써 제품을 활용하는 모습을 보인다고 할 수 있다.

걸그룹이나 락밴드의 경우 이런 공간 플랫폼 형태로 구조화되어 있다고 볼 수 있다. 사람들은 매력적인 여러 멤버들이 모여있는 걸그룹 그 자체에 관심을 보이지만 걸그룹 내에서 저마다의 개성을 지닌 각 멤버에게 관심을 갖게 될 수 있는 것처럼 말이다.

우리는 우리를 찾는 사람들이 우리를 공간으로 인식하고 있는지 점검하기 위해 내 안에 어떠한 요소들이 자리하고 있으며 그 요소들이 공통적으로 지향하는 바는 무엇인지 생각해 볼 필요가 있다. 그래야만 사람들이 우리 안에 들어왔을 때 혼란스러워하지 않고, 편안하게 머물며 우리를 대할 수 있을 것이기 때문이다.

• 도시 플랫폼 Urban Platform

우리는 모두 사는 지역이 다르지만 대부분 자급자족이 가능하도록 구성된 도시 안에 살고 있다. 그 도시 안에서 우리는 일을 하며 돈을 벌고, 벌어들인 돈을 소비하면서 지낸다. 이를 통해 도시 경제가 순환되고 발전하게 된다.

도시 내에는 주거지역과 상업시설이 있으며 휴식을 위한 공원과 녹지공간, 교육시설 등 다양한 요소들이 땅에 뿌리를 내린 상태로 존재하고 있다. 이러한 요소들이 서로 공간의 균형을 맞추며 도시 내에 구성되어 있고, 도시에서 지내기를 선택한 사람들은 도시와의 유기적 상호작용을 맺으며 지내게 된다. 도시 내 모든 요소는 서로 도움을 주고받는 모습으로 긴밀히 구조화 되어 있고, 안정적 상태를 추구하며 공존한다.

기업조직에 큰 영향력을 행사하고 있는 CEO나 회장님, 또는 구체적인 예를 들면 JYP엔터테인먼트의 JYP 같은 대표자급 인물들이 도시 플랫폼 형태로 구조화되어 있다고 볼 수 있다. 그 대표자가 갖고 있는 세계관이 조직의 사상과 행동을 결정할 뿐만 아니라 조직 생활을 하고 있는 모든 구성원들의 생활 양식에 지속적으로 영향력을 행사한다면 인간이 하나의 도시를 이루고 있는 것과 같은 의미가 된다.

리더인 우리는 우리가 가진 세계관 안에서 사람들이 어떤 모습으로 머물며 지내는지를 점검해야 한다. 그러기 위해 나의 세계관 안에 어떠한 구성 요소들이 디테일하게 자리하고 있으며 그 요소들이 어떻게 유기적인 관계를 맺으며 하나의 도시생태계를 구성하고 있는지 생각해 볼 필요가 있다.

4. 하버드씽킹을 위한 2가지 슈퍼플랫폼

앞서 우리는 하버드씽킹에 필요한 제품, 공간, 도시의 3가지 플랫폼에 대해 알아보았다.

<플랫폼의 3가지 분류>
- 기능을 보유하여 직접 행동하는 제품 플랫폼
- 대게 팀 단위로 구성되어 있어 수요자에게 다양한 만족을 얻을 수 있게끔 해주는 공간 플랫폼
- 지도자 또는 지휘관의 세계관에 의해 조직의 문화가 결정되고 하나의 체계를 이루는 도시 플랫폼

위 3가지는 공급자가 중심이 되어 수요자와 상호작용을 하는 이른바 공급 중심적 플랫폼으로 정의 내릴 수 있을 것이다. 그렇다면 이제 수요자가 중심에 선 2가지 슈퍼플랫폼에 대해 알아보자.

<슈퍼플랫폼 2가지 분류>
- 슈퍼히어로 플랫폼 Super Hero Platform
- 슈퍼스타 플랫폼 Super Star Platform

• 슈퍼히어로 플랫폼 Super Hero Platform

액션영화를 보면 항상 멋지게 악당을 물리치는 슈퍼히어로가 등장한다. 슈퍼히어로는 그 등장만으로도 매우 멋진데 이는 액션영화를 보는 이로 하여금 상당한 기대감을 갖게 만든다. 하지만 이런 슈퍼히어로

의 등장에도 일정한 공식이 존재한다. 그건 바로 우주 괴물(악당)이 지구에 찾아와 지구의 안전을 위협해야만 비로소 등장한다는 것이다.

[슈퍼히어로의 등장 공식]

	슈퍼히어로 등장
악당이 있을 때	O
악당이 없을 때	X

 이처럼 슈퍼히어로 플랫폼은 누군가에게 불편이나 위협이 존재할 때 그 힘을 발휘한다. 마치 가려운 곳을 정확히 긁어주는 그런 느낌을 받게 한다. 우리가 갈 길을 찾지 못하고 우왕좌왕하거나 여러 가지 문제로 인해 혼란한 상황 속에 있을 때 저명한 지식인의 한마디가 큰 도움을 주는 것처럼 슈퍼히어로 플랫폼은 처한 문제에 대한 문제 해결사가 되어 준다. 하지만 슈퍼히어로 플랫폼은 반드시 문제가 있을 때만 그 기능을 발휘한다는 점에 유의해야 한다. 문제의식을 가지고 일상의 불편을 발견해 그 불편함을 확실한 문제로 정의한 뒤 해결할 때 슈퍼히어로가 될 수 있다.

• 슈퍼스타 플랫폼 Super Star Platform

　슈퍼스타 플랫폼은 꾸준한 활동을 통해 팬덤을 보유한 사람의 행동이 더 큰 주목도를 보여주는 모습이다. 앞서 설명한 슈퍼히어로가 문제 해결의 과정을 여러 번 거치는 과정에서 팬이 형성되고 따르는 사람이 많아진다면 슈퍼스타가 될 수 있는데 이때부터는 더 높은 파급력을 보일 수 있다.

　슈퍼히어로 플랫폼이 문제에 집중하는 플랫폼이라면, 슈퍼스타 플랫폼은 사람에 집중하는 플랫폼이다. 이미 대중들과 신뢰의 기반이 쌓인 유명인의 행보는 일반인에 비해 더 큰 가치를 지니기에 대형 브랜드는 광고에 유명인을 모델로 활용하는 모습을 보인다. 이는 슈퍼스타 플랫폼에 기반한 활동이라고 할 수 있다.

Summary

1. 지금 시대는 유튜브를 비롯한 디지털 매체만 잘 활용해도 훌륭한 대학 교육을 받을 수 있을 만큼 질 높은 온라인 강의가 넘쳐나고 있다.

2. 스콧 영이라는 인물은 미국 명문 공대 MIT 컴퓨터과학 4년 과정을 1년 만에 온라인으로 마스터했다.

3. 중요한 것은 '어디서 공부하고 있느냐'가 아니라 '무엇을 얼마나 어떻게 공부하고 있느냐'이다.

4. 양질의 강의를 통해 정보를 수집하고 살을 붙여 나가면 온전한 나의 지식으로 탈바꿈된다.

5. 하버드씽킹의 목표는 고부가 가치를 실현해내는 것이라 할 수 있는데 그러기 위해선 3가지 공급 중심적 플랫폼을 분석해야 한다.
    ↳ 제품, 공간, 도시

6. 수요 중심적 플랫폼에 대한 분석도 필요하다.
    ↳ 슈퍼히어로, 슈퍼스타

7. 나에게 맞는 플랫폼을 찾으면 하버드씽킹의 초석을 다질 수 있다.

3
하버드씽킹 내부 설계

1. 하버드씽킹 브레인 인테리어

하버드씽킹을 위해서는 먼저 우리 생각의 내부 구조를 점검해야 한다. 하버드씽킹은 아주 심플하고 유용하게 우리의 장래 계획이나 새로운 프로젝트 또는 사업을 추진할 때 도움을 주는데 여기서는 새로운 사업을 구상하는 경우를 예로 들어 하버드씽킹 사고의 내부 프레임을 활용한 예시를 보인다.

[   ] 을(를) 판매하는 비즈니스

이처럼 사업을 하려면 어떤 아이템을 선정할지 먼저 고민해야 하는데 여기서는 노트를 아이템으로 설정하고 예를 들도록 하겠다.

노트 판매 비즈니스

노트를 판매하는 비즈니스에 사각형 박스를 만든다. 그다음 노트 판매라는 아이템을 실행했을 때와 실행하지 않았을 때의 모습을 예측하고 표 좌우편에 적는다.

실행하지 않았을 때 ←		→ 실행했을 때
노트 판매를 준비하는 사람	노트 판매 비즈니스	NAVER 스마트스토어에서 노트 판매를 하는 사람

이렇게 실행 이후 단계를 적으면 나의 미래 모습이 더욱 구체적으로 머릿속에 그려진다. What(어떤 것)에만 머물던 씽킹이 How(어떻게)로 점차 발전해나가는 과정이다. 이다음에는 '노트 판매'라는 아이템을 실행하여 성공했을 때와 실패했을 때의 모습을 예측하여 표 위아래에 적어보자.

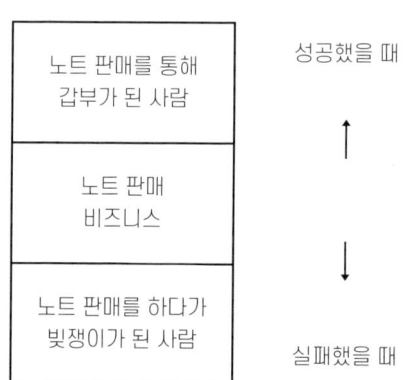

이제는 이 두 표를 합쳐서 하나의 표로 정리해보자.

	노트 판매를 통해 갑부가 된 사람	
노트 판매를 준비하는 사람	노트 판매 비즈니스	NAVER 스마트스토어에서 노트 판매를 하는 사람
	노트 판매를 하다가 빚쟁이가 된 사람	

다음은 이렇게 나타난 십자 모양의 틀에 두 상황을 결합하여 모서리 부분을 채워주도록 한다. 예를 들면 오른쪽은 실행했을 때의 상황이고 위쪽은 성공했을 때의 상황이므로 그 둘의 사이 부분 모서리는 실행을 통해 성공했을 때의 미래 모습을 적어주도록 한다.

갑부가 되기 위해 노트 판매를 준비하는 사람	노트 판매를 통해 갑부가 된 사람	NAVER 스마트스토어에서 노트 판매를 해 갑부가 된 사람
노트 판매를 준비하는 사람	노트 판매 비즈니스	NAVER 스마트스토어에서 노트 판매를 하는 사람
빚쟁이가 되기 두려워 노트 판매를 준비만 하는 사람	노트 판매를 하다가 빚쟁이가 된 사람	NAVER 스마트스토어에서 노트 판매를 하다가 빚쟁이가 된 사람

    이렇게 네 모서리에 실행과 미실행, 성공과 실패의 상황을 가정했을 때 예측이 가능한 미래의 모습을 기획해보았다. 쓰여진 부정적인 상황에 대해서는 여러 가지 경우의 수를 예측하여 메모해두고 실행했을 때 성공한 우측 상단의 케이스에 대해 아주 간단한 기획서를 작성한다.

    기획서는 간단하게 4가지 항목으로 구성할 수 있다.

<기획서 구성 4가지>
- 예상 편익
- 소요 비용
- 기대 효과
- How to

갑부가 되기 위해 노트 판매를 준비하는 사람	노트 판매를 통해 갑부가 된 사람		NAVER 스마트스토어에서 노트 판매를 해 갑부가 된 사람
노트 판매를 준비하는 사람	노트 판매 비즈니스		NAVER 스마트스토어에서 노트 판매를 하는 사람
빚쟁이가 되기 두려워 노트 판매를 준비만 하는 사람	노트 판매를 하다가 빚쟁이가 된 사람		NAVER 스마트스토어에서 노트 판매를 하다가 빚쟁이가 된 사람

(기획서)

- 이 모습의 성취를 통해 얻고자 하는 것은?
- 필요한 비용은?
- 이 모습을 통한 기대효과는?
- 그럼 어떻게 실행할 것인지?

이렇게 4가지의 항목으로 구성하고 그 내용을 적는다. 이를 통해 우리가 추구하는 방향에 대한 리스크를 줄이고 내가 원하는 모습에 더욱 가까이 다가갈 수 있도록 방법론을 구축해놓을 수 있다.

2. 하버드씽커 되기

앞서 설명한 제품, 공간, 도시의 플랫폼을 내가 작성한 기획서에 접목하여 생각해보도록 하자.

- 제품 플랫폼 : 특정한 기능을 발휘하는 존재
  - ex) 의사, 변호사
- 공간 플랫폼 : 공간 내에 유입시킨 뒤 머물게 하는 존재
  - ex) 걸그룹, 락밴드
- 도시 플랫폼 : 조직의 사상과 행동에 영향을 미치는 지도자적 존재
  - ex) 기업 CEO

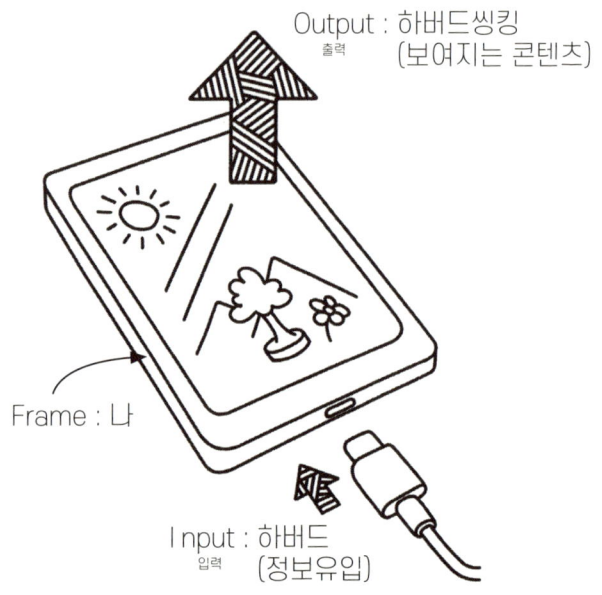

• **제품 플랫폼**

우리가 어떤 기능을 가지려면 그 분야에 특화된 능력이 있어야 하는데, 만약 선천적으로 타고난 자질이 없다고 하더라도 끊임없는 노력을 통해 충분히 능력을 발휘할 수 있다. 위 그림처럼 하버드씽킹은 끊임없는 하버드에 대한 정보 유입을 통해 '나'라는 프레임이 어떤 기능을 하는 제품인지를 나타나게 해준다.

정보 유입에는 4가지 세트가 있는데 '칼강뉴책'이 그것이며 다음과 같다.

<정보 유입의 4가지 세트>

칼럼	강의
뉴스	책(book)

하버드에서 발행한 비즈니스 리뷰나 칼럼, 그리고 뉴스에서 인터뷰하는 하버드생과 하버드 교수 그리고 하버드에 몸담았던 이들이 출간한 저서 등은 우리가 하버드씽킹을 하는 데 아주 유용한 입력(Input) 도구가 된다.

정보화시대에 하버드에 관한 정보는 더욱 쉽게 얻을 수 있으며, 이런 내용의 주입을 통해 나라는 프레임에 사상과 철학이 만들어진다면 우리의 하버드씽킹은 더욱 자연스러워지며 일상화될 수 있다.

• **공간 플랫폼**

 공간 플랫폼은 제품 플랫폼처럼 어떤 특별한 기능을 발휘하는 데 중점을 둔다고 하기보다는 다양한 기능을 가진 오브제를 공간 내에 조화롭게 배치해놓고 사람들이 그 공간에 들어올 수 있도록 플랫폼을 구성하는 개념이다.

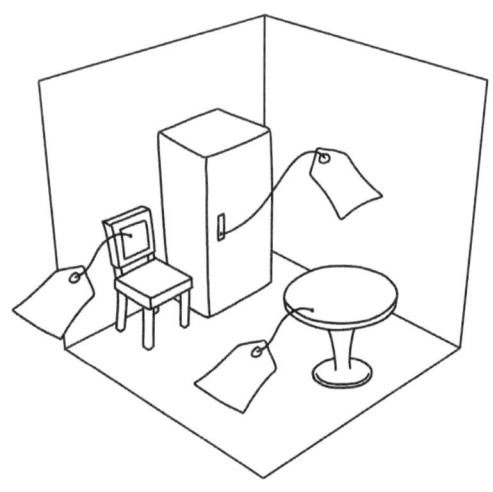

 칼강뉴책의 정보 유입 세트를 이용해 하버드에서의 정보를 제공받아 나의 씽킹 속 공간에 배치한다. 여기서 유의할 점은 공간에 대한 철학이 분명히 서 있어야만 한다는 점이다. 가령 내가 추구하는 공간 철학이 모던(Modern)이라면 그 모던함을 구성하기 위한 오브제를 공간 안에 배치할 것이다. 만약 빈티지한 느낌의 오브제나 엔틱한 아이템을 공간에 배치하면 공간의 철학이 무너지게 된다. 따라서 다양성을 추구하되 철학을 유지하며 사람들의 유입을 도모하는 사고방식이 바로 공간 플랫폼이라 할 수 있다. 칼강뉴책의 정보 유입 세트를 분석할 때도 내 씽킹이라는 공간의 철학을 분명히 정하고 또 잊지 말아야 한다.

이처럼 하버드로부터 제공받은 정보를 공간 내에 배치할 때 그 정보의 출처인 하버드 교수나 하버드 출신자들의 정보를 남겨놓는 것이 좋다. 그래야만 신뢰할만하고 객관성 있는 하버드씽킹이 될 것이다. 이렇게 나의 사고 속 공간 플랫폼을 완성하면 공간의 정체성은 곧 하버드씽킹이 된다.

• 도시 플랫폼

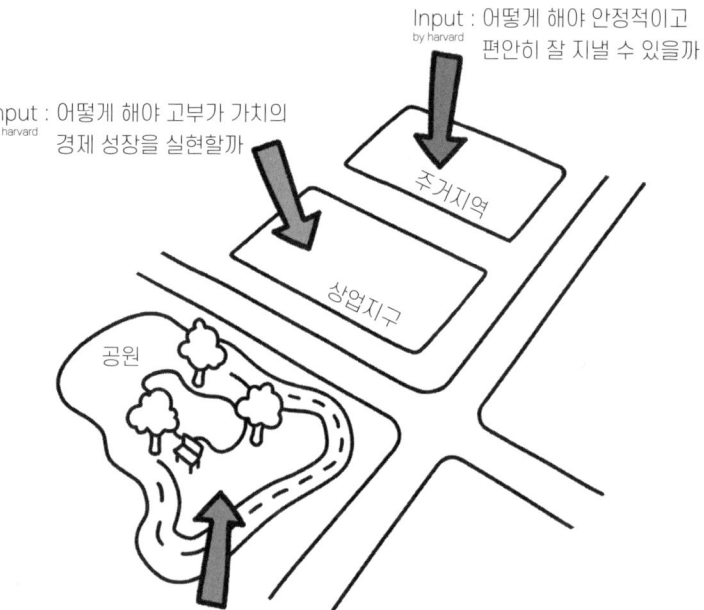

　도시 플랫폼은 도시 내에 지내는 사람들이 공통적으로 향유할 수 있는 가치를 만들어내는 것이 중요하다고 할 수 있다. 그렇게 형성되어 공유되는 도시의 정체성은 일종의 생활 양식이 되어 도시 구성원들의 행

동에 많은 영향력을 행사한다. 이러한 방식으로 디자인되는 도시 구성 요소에 하버드의 정보를 주입함으로써 하버드라는 색깔의 도시를 계획하여 도시 구성원들에게 유익을 줄 수 있다.

하버드씽킹의 도시 플랫폼은 제품이나 공간 플랫폼에 비해 비교적 많은 정보들을 주입시키고 그 안에서 서로 유기적인 순환구조를 만들어 하나의 도시생태계를 구성하는 방법인데, 도로명, 공원 이름 등에 하버드 교수 및 출신자를 네이밍하여 관련자들이 생산하는 정보가 원활히 유입되고 회전될 수 있도록 해야 한다.

3. 하버드씽킹 실행하기

지금까지의 하버드씽킹 내부 설계의 내용을 정리하여 직접 실행에 옮겨보자.

1) 다음 장에 표가 있으니 무엇을(What) 할 것인지부터 가운데에 정하고 좌·우측은 실행하지 않았을 때와 했을 때 어떻게 될 것인지를 적는다.

2) 위, 아래는 해당 사업이 성공 혹은 실패했을 때를 예측하여 결과를 적는다.

3) 실행했을 때 성공한 경우, 실행했는데 실패한 경우, 실행하지 않았을 때 성공의 모습, 실행하지 않았을 때 실패한 모습 이렇게 4가지 경우의 수를 모두 모서리에 작성하여 큰 사각형을 완성한다.

4) 그리고 그다음에는 [실행했을 때 - 성공했을 때]가 결합된 내용에 대한 4가지 항목에 관해 짧고 간단한 기획서를 작성해 본다.

<하버드씽킹 내부 설계도>

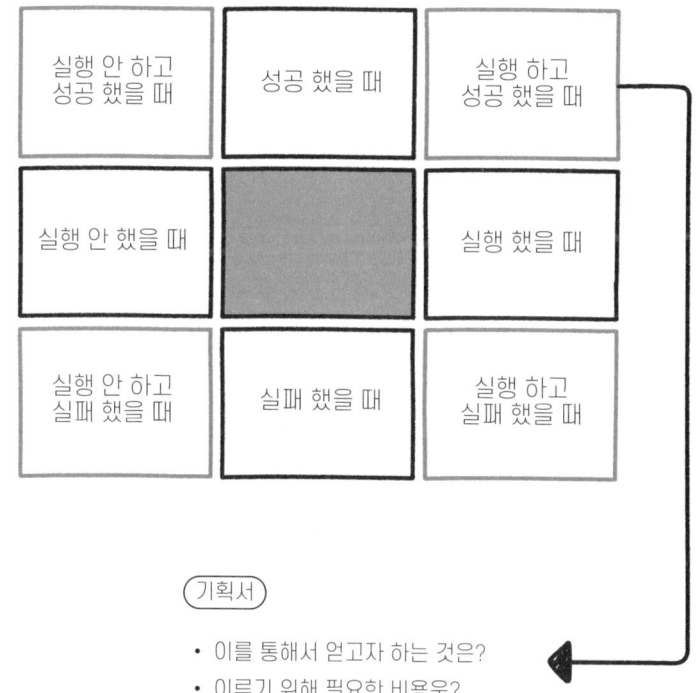

• **제품 플랫폼**

　기능을 발휘하는 측면의 하버드씽킹을 위해 제품 플랫폼을 완성해보자. 제품의 프레임은 '나'에 대해서 기술하는데, 내가 어떤 능력을 보유한 사람인지 정확히 알아야만 제대로 된 아웃풋을 도출해낼 수 있다.

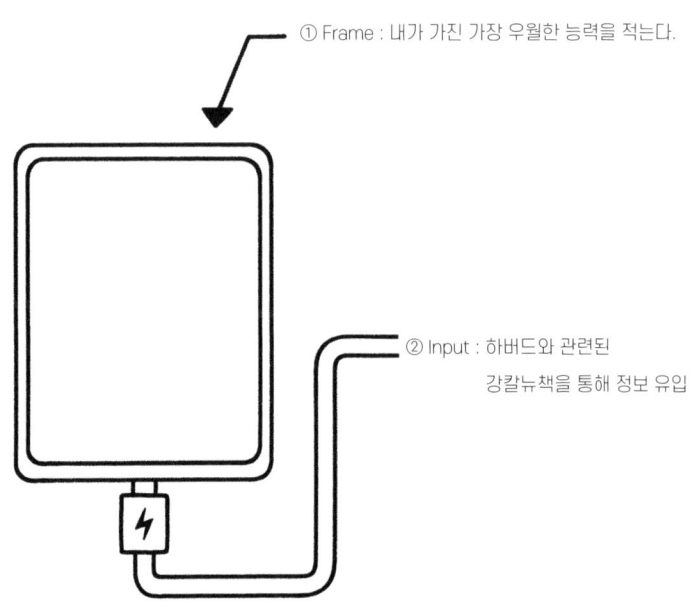

- **공간 플랫폼**

'나'라는 공간에 손님을 초대한다는 가정을 할 때 내 공간을 어떤 관점으로 소개해야 할지를 고민하고 그 씽킹을 하버드씽킹으로 발전시킨다.

공간에서의 구조물인 프레임은 '나'에 대해서 기술하고 나라는 공간 안에 어떤 가치를 주로 담는지 적으면 된다.

내가 중요하게 생각하는 가치, 내 안에 간직하고 있는 가치와 요소들을 정확히 분석해서 '나'라는 존재의 공간성을 구조화하여 더 나은 사고방식을 갖추도록 유도한다.

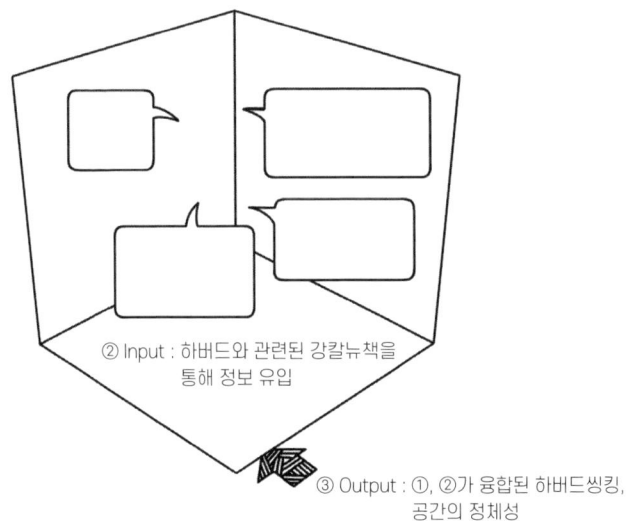

• **도시 플랫폼**

많은 조직 구성원들을 품고 있으면서 그들에게 물리적, 사상적으로 영향을 끼치는 존재를 지도자라 할 수 있는데 그런 플랫폼이 도시 플랫폼이다. 주로 기업의 운영자들이 도시 플랫폼이며 운영자가 많은 큰 기업의 경우엔 운영자마다 도시 플랫폼을 보유하고 있다. 이렇게 많은 도시들이 기업 내에서 서로 연결되고 경쟁하며 기업이라는 한 국가를 이루게 된다.

제품과 공간에 비해 그 규모가 큰 도시 플랫폼은 가치에 대한 기술을 할 때 더 방대한 스케일이 요구되기도 한다.

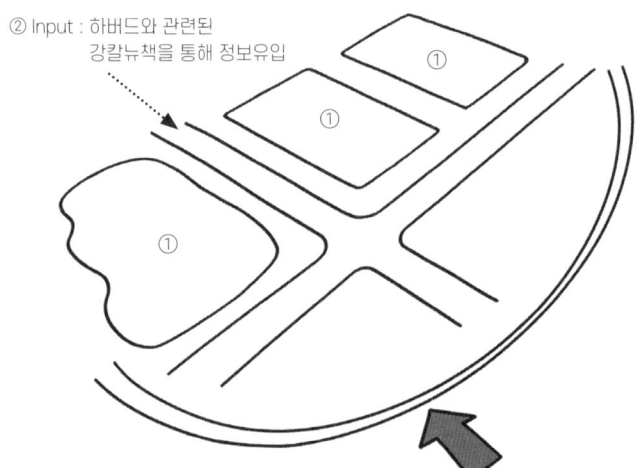

① Frame : 나의 가장 기본적인 베이스는 어떤 형태인지
② Input : 하버드와 관련된 강칼뉴책을 통해 정보유입
③ Output : ①, ②가 융합된 하버드씽킹, 도시 정체성

Summary

1. 하버드씽킹을 위해서는 먼저 생각의 내부 구조를 점검하고 기획서를 작성하는 것이 좋다.

2. 기획서 구성은 총 4가지로 아래와 같다.
   ↳ 예상 편익, 소요 비용, 기대 효과, HOW TO

3. 자신이 작성한 기획서에 제품, 공간, 도시의 플랫폼을 접목하여 생각해 보자.

4. 제품 플랫폼은 정보 유입 4가지를 통해 자기 자신을 나타낸다.
   ↳ 칼럼, 강의, 뉴스, 책 (aka. 칼강뉴책)

5. 공간 플랫폼은 다양한 기능을 가진 오브제를 공간(철학 필요) 내에 조화롭게 배치하고 사람들이 들어올 수 있도록 한다.

6. 도시 플랫폼은 도시에 지내는 사람들이 공통적으로 향유할 수 있는 가치를 만들어내는 데 중점을 둔다.
   ↳ 많은 정보 유입 - 유기적인 순환구조 - 도시 생태계 구성

하버드씽킹 외부 설계

1. 하버드씽킹 인사이트 디자인

하버드씽킹을 위해서는 전반적인 하버드생들이 대체적으로 어떻게 공부하는지 알아야 한다. 흔히 공붓벌레라 불리는 하버드생들은 자신의 전공 분야에 대해 죽을 만큼 열심히 공부하는 모습을 보인다. 그 결과 하버드 출신자들은 자기 분야에서 최고 수준으로 존중을 받는 '전문가'로 성장하게 된다.

그렇다면 하버드생이나 하버드 출신자들은 전공 외의 분야에서는 그런 존중을 받지 못하게 될까? 그렇지 않다. 하버드 출신자들은 자기 전공 분야 외의 비전문 분야에서도 통찰력을 발휘할 수 있는데, 그건 하버드 스타일의 폭넓은 지식 유입과 함께 일부가 중첩되고 또 중첩되는 다른 분야에 대한 끊임없는 탐구가 있었기에 가능한 일이다.

「 하버드 스타일 」

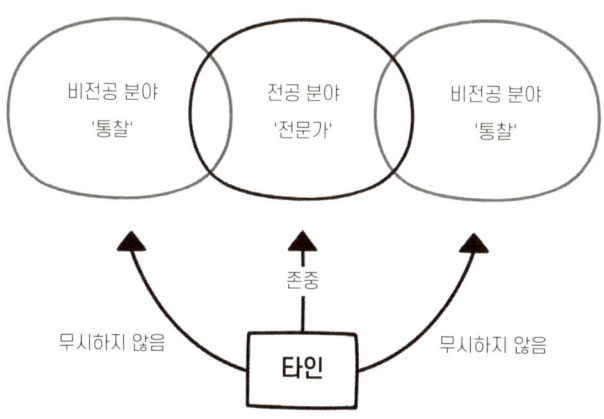

이처럼 자신의 분야에 대해 타인으로부터 존중을 받게 되는 일명 하버드 스타일에는 두 가지 요건이 필요하다.

- 해당 분야에 대한 우월성이 확보되어야 한다.
- '하버드'라는 공간을 거쳐 온 사람이라는 사실이 충족되어야만 한다.

그래야 사람들은 하버드의 개념에 대한 기대감을 갖게 되고 또 실력을 눈으로 보며 신뢰감을 얻게 되는 것이다.

이렇게 완성된 하버드 스타일 人은 전공 분야에만 국한되지 않고 다른 분야에서도 통찰력을 발휘할 수 있게 되어 전공 분야의 테크닉에 대한 기대가 아닌 그 사람 자체에 대한 신뢰로 발전하게 된다.

「 하버드씽킹 」

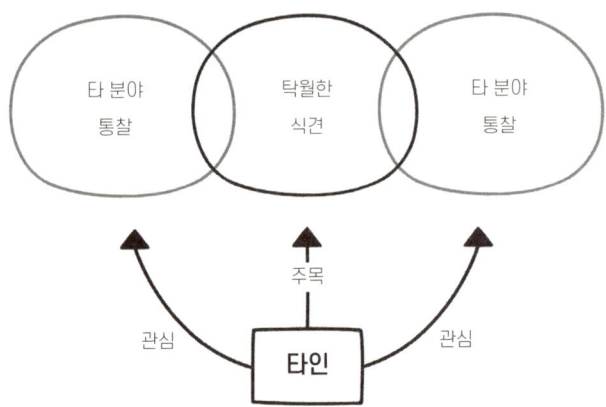

하버드씽커는 하버드로부터 유입되는 다양한 교육과 정보를 취합하여 자신의 것으로 가공하고 재생산해내는데 이 과정에서 '탁월한 식견'을 겸비하게 된다. 탁월한 식견을 지닌 하버드씽커는 타인들로부터 주목을 받게 되고, 결국 인정을 받은 뒤엔 하버드 스타일과 같이 다른 분야에 대한 통찰력을 발휘하는 과정에도 타인의 관심을 받을 수 있다.

하버드씽커가 되기 위해서는 무엇보다 정보를 잘 사용하여 내 지식으로 가공해낼 수 있어야 한다. 암기하려는 습관을 버리고 하버드 교수가 하는 말들을 이해하려 노력하고 내 머리를 거치며 어떻게 필터링되는지를 메모해두면 된다.

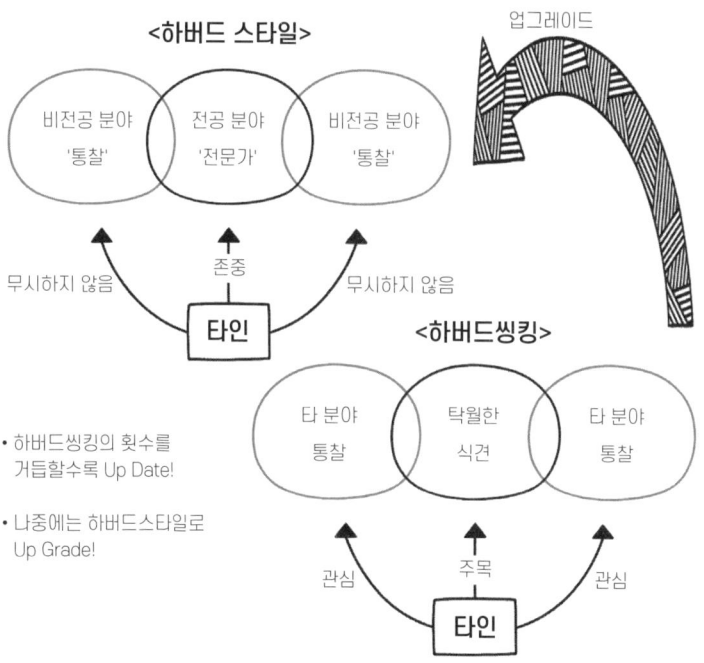

필터링된 내용으로 칼럼을 써서 신문사에 기고할 수도 있고, 그 분야의 내용들을 취합해 브랜드 계정으로 SNS를 운영할 수도 있다. 그렇게 되면 진짜 그 분야의 전문가로 존중을 받게 되고, 하버드 스타일처럼 발휘하는 다양한 통찰력에 대해서도 신뢰를 얻을 수 있다.

하버드씽킹의 키포인트는 나를 바라보는 타인의 인식을 '지식인'으로 필터링하기 위해 나의 씽킹을 하버드로 디자인하는 것이다. 하버드생(우리나라에서는 서울대생)은 하버드 출신이라는 아주 기초적인 사실 하나만으로도 그 통찰력(Insight)을 상당 부분 인정받는다.

하버드씽킹은 탁월한 식견 + #하버드(해시태그)를 통해

- 내 의견에 집중하게 만들 것.
- 지식인이라는 기초적인 인식을 타인의 시선 속에 설계하는 것.

이라고 할 수 있다.

필자는 하버드씽킹을 통해 칼럼을 썼고 그 칼럼을 언론사에 기고하여 신문에 게재시켰다. 이와 같은 하버드씽킹의 활동을 지속적으로 반복하여 진행한다면 사람들의 시선은 집중에서 존중으로 변할 것이고, 탁월한 식견을 지닌 해당 분야의 전문가로 등극하게 될 수 있을 것이다.

신문에 기고된 하버드씽킹 칼럼 원문

「 정의에 대한 하버드씽킹 」

　우리나라는 '정의'에 관한 문제가 전 세계에서 가장 뜨겁게 이슈화 되는 나라들 중 하나이다. 우리나라에서 200만 부가 넘는 판매 실적을 올린 하버드대 마이클 샌델 교수의 '정의란 무엇인가'는 사실 영어권 국가에서 고작 10만 부가량 팔린 책이었다고 한다. 심리학에서는 정의에 대한 구체적인 정의를 내리지 못함을 기초 학설로 보고 있다. 하지만 여전히 우리는 정의가 무엇인지에 대해 끊임없는 고민에 빠져있다. '정의란 무엇인가'라는 책을 아무리 열심히 읽어도 도대체 정의가 무엇인지에 대한 명쾌한 답은 나오지 않는다.

미국은 오래전, 노예 제도 폐지에 대한 갈등으로 남과 북이 갈라서게 되었다. 노예제도 폐지의 찬반 입장에는 개인과 집단뿐 아니라 지역과 정당 간의 다양한 갈등 요소가 첨예하게 융합되어 있었다. 결국 이 같은 복잡한 현상에 대해 인류는 어떠한 방식으로 정의를 논할 수 있었을까?

미국 4대 대통령을 지낸 제임스 매디슨은 노예 제도가 백인들의 마음을 타락시켰으며 인간의 심성을 더욱 가혹하게 만들었다고 말한 바 있다. 그러면서 대통령 본인이 노예 제도를 파괴해서 후손들에게 더 나은 미래를 제공하겠다는 말을 전했다. 얼핏 듣기엔 그럴싸한 정의론을 펴는 모습처럼 보일 수도 있다. 하지만 제임스 매디슨 대통령은 정작 자기 노예를 해방하지는 않았다.

미국은 매우 강력한 반독점 규제를 가진 나라이다. 반독점 법률은 사회가 이루어 낼 수 있는 가장 최소한의 정의부터 실현해 나가려는 일종의 무브먼트다. 하지만 사실상 시장을 독점하다시피 장악하고 있는 구글과 애플, 페이스북 등의 기업은 자신들이 반독점 규제의 대상이 아니라며 관련법에 대한 투쟁을 이어 나가고 있다.

중국의 철학자인 노자의 사상은 미국 하버드대학에서도 학생들에게 교육되고 있는데, 노자의 '도'에 대한 사상은 우리에게 많은 생각을 불러오게 한다. 노자는 이렇게 말했다.

> "아름다움과 더러움은 별개의 것이 아니다.
> 선은 악이 있기에 선이라고 불린다.
> 사물도 '없음'이 있기에 '존재'를 말할 수 있다.
> 무엇이든 어느 한쪽만 존재하는 건 불가능하다."
>
> <노자>

노자는 전체론적 관점에서 동양의 사고를 구성해 갔다. 일단 의심으로부터 시작하고 문제를 분석해나가는 서양의 대표적 철학자 데카르트와는 상당히 대조적인 모습이다.

사실상 시장을 독점한 구글과 애플, 페이스북이 자신들의 행위가 독점이 아니라고 끊임없이 역설하는 것처럼 사회의 불평등한 기조 속에서 어느 분야의 정상을 찍은 사람들은 자신들의 성공이 도덕적이었으며 충분히 정당한 가치를 지니고 있다고 믿고 싶어 한다. 능력주의가 원칙인 사회에서는 본인의 실력과 노력이 성공이라는 정당한 가치를 실현했다고 주장할 수 있지만, 타인의 시선은 시장을 독점해버린 결과물만을 눈에 담을 뿐이다.

하버드대학의 성격 연구 전문가인 릴리안 포터는 '고집'이 '잘못된 열심'이라 말하며, 잘못된 것을 바르게 고치려는 모습이 우리에게 필요하다고 말한다. 우리는 정의로움에 대해 어떠한 생각을 가지고 살아왔는지 돌아볼 필요가 있다. 서양 사회보다 더 정의에 대한 관심이 높은 우리나라는 선과 악이 늘 공존 하고 있다는 노자의 가르침을 잘 받아들이고 있는가. 아니면 오직 '아름다움'만이 정의를 나타낸다고 믿으며 '더러움'의 존재를 힐난하고 지내는 고집 속에서 지내지는 않는가.

　인식의 차이를 이해하지 않고는 대화가 되지 않는다. 우리나라 사람들이 정의에 대해 유독 관심이 높은 이유는 진짜 '정의'가 무엇인지를 명확히 정의하고 그에 반하는 행동을 모두 사회악으로 규정하고 싶어 하는 사고방식 때문은 아닌지 모른다. 다양한 사고를 드러내기보다 정답이 딱 하나만 정해져 있는 수능 문제의 정확한 정답 하나만을 고르는 게 더 익숙한 대한민국 국민은 정의에 관해서도 단 하나의 해답을 도출해 내고자 애를 쓰는 것 같다. 하지만 마이클 샌델 교수가 '정의란 무엇인가'라는 책을 펴내면서도 정의에 대해 정의하지 못했고, 심리학에서도 이 같은 모습을 정상으로 규정하는 걸 봐서 이 문제에 관한 속 시원한 해답은 존재하지 않을지 모른다. 정의에 관한 문제는 우리가 끊임없이 정의 내리기를 반복하며 살아가야 한다고 세계의 지식인들은 말한다.

2. 하버드씽커 되기

하버드씽킹 인사이트 디자인은 앞서 설명한 슈퍼히어로 플랫폼과 슈퍼스타 플랫폼 두 개의 플랫폼으로 분류가 가능하다.

- **슈퍼히어로 플랫폼 :**
  사람들을 위험(불편)에서 구해주지만 위협의 요소가 반드시 있어야 하며, 그것을 물리쳐야만(제거) 각광을 받는 인물
- **슈퍼스타 플랫폼 :**
  상당한 팬덤을 보유한 인물로서 단순한 일상 행동 하나까지 주목을 받는 스타급 인물

•슈퍼히어로 플랫폼

슈퍼히어로가 되기 위해선 반드시 빌런(Villain)이 필요하다. 사람들을 지속적으로 괴롭히고 있는 요소가 있다면 그것을 제거하는 아이디어를 내면 된다. 그럼 당신은 악당을 물리친 슈퍼히어로가 될 것이고 그 내용은 언론을 통해 더욱 알려지게 될 수 있다.

필자는 오래전 '메모레이드'라는 단어 암기장을 개발한 적이 있다. 이 암기장 하나를 개발하기 위해 특허 3건, 상표 1건 총 4건의 지식재산권을 취득하였고, 사람들이 아무렇지 않게 생각하던 단어암기의 방식을 '불편함'으로 정의 내리기 시작했다. 그리고 그 불편을 해소하기 위한 슈퍼히어로를 등장시켰는데 그것이 바로 '메모레이드'였다.

<메모레이드>

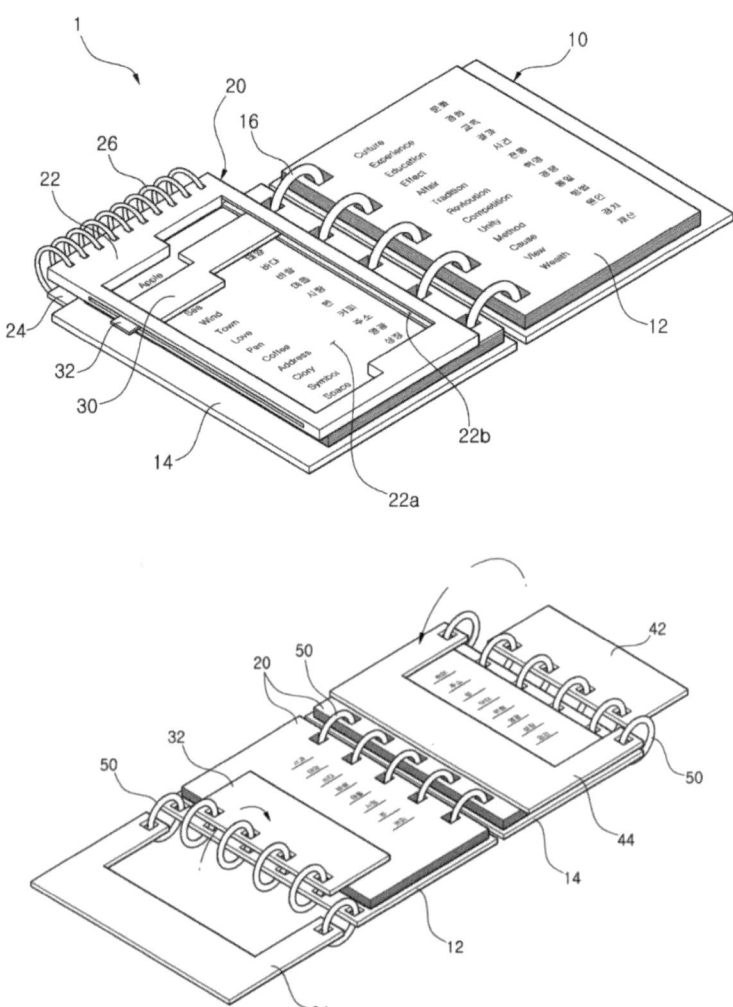

만약 슈퍼히어로 플랫폼으로 인스타그램 SNS 계정을 운영한다고 하면, 사람들이 불편을 느끼고 있는 내용을 먼저 언급하고 그 불편한 점을 해결하는 과정을 구조화하여 하버드씽킹을 사용하면 된다.

앞에서 소개한 필자의 칼럼을 활용하여 슈퍼히어로 플랫폼 인스타그램 콘텐츠 제작을 아래 예시로 소개한다.

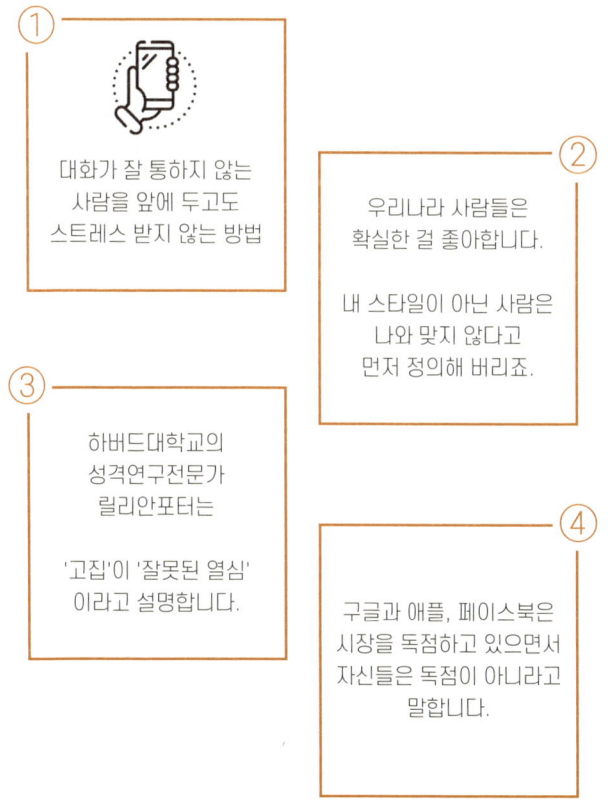

• **슈퍼스타 플랫폼**

슈퍼히어로 플랫폼이 마치 진통제처럼 지금 느끼고 있는 고통과 문제를 해결해주는 역할을 했다면, 하버드씽킹의 슈퍼스타 플랫폼은 아마도 비타민 같은 개념이라 설명할 수 있을 것이다.

비타민 제품은 당장 눈앞에 없어도 크게 문제 될 것은 없지만, 있으면 매우 이로운 역할을 한다. 문제를 해결하지 않는 대신 사람들에게 즐거움을 제공해줄 수 있다면, 그건 슈퍼히어로보다 슈퍼스타에 조금 더 가깝다고 볼 수 있다.

슈퍼스타 플랫폼을 활용하면 콘텐츠 제공자에 대한 주목도가 높아진다. 유튜브나 인스타그램과 같은 SNS에서 이런 플랫폼으로 콘텐츠를 발행한다면 팔로워가 금방 늘게 될 것이다. SNS에서의 슈퍼스타 플랫폼 콘텐츠의 콘셉트는 재미, 건강, 사랑, 부자와 관련된 4가지에서 모두 분류되니 참고하면 된다.

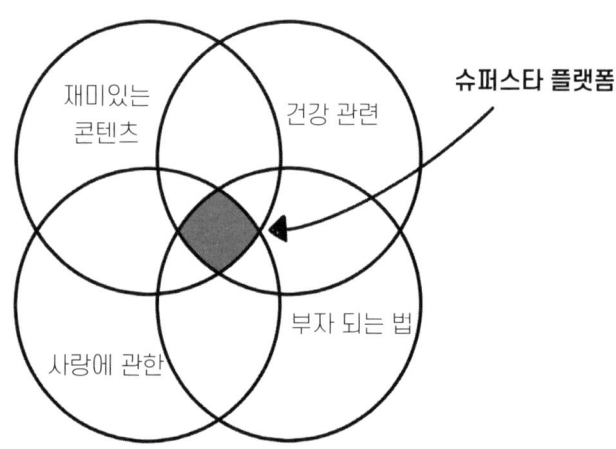

3. 하버드씽킹 실행하기

이제부터 사람들이 불편함을 느끼고 있지만, 무감각하게 지내고 있는 점이 있다면 매의 눈을 뜨고 발견하자. 분석해서 1번 항목에 적는다. 그리고 그렇게 말 못하고 있던 불편을 없애줄 방안을 2번 항목에 적고 내가 슈퍼히어로로 거듭날 수 있는 길을 찾자.

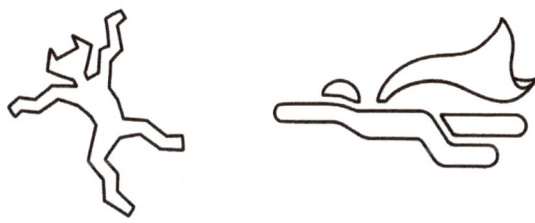

① 사람들이 느껴온 불편함의 내용   ② 내가 해결한 사람들의 불편

이번엔 슈퍼스타 플랫폼을 사용하여 사람들의 잠재의식 속에 원하고 있던 바를 이루어주는 주인공이 되어보자. 당신의 팬이 하루가 다르게 늘어날 것이다.

① 사람들이 잠재적으로 원하고 있던 내용   ② 내가 실현시킨 사람들의 워너비

Summary

1. 하버드생들은 자신의 전공 분야에 죽을 만큼 열심히 공부하는 모습을 보이고, 비전공 분야에서도 통찰력을 발휘한다.
   ↳ **끊임없는 탐구**

2. 자신의 분야에 관해 타인으로부터 존중받는 하버드 스타일에는 두 가지 요건이 필요하다.
   ↳ **해당 분야에 대한 우월성, 하버드를 거쳤다는 사실**

3. 통찰력을 인정받을 수 있는 환경을 조성할 것
   의견에 집중할 수 있도록 만들 것
   지식인이라는 기초적 인식을 타인의 시선 속에 설계할 것

4. 하버드씽킹 인사이트 디자인은 두 가지 플랫폼으로 분류할 수 있다.
   ↳ **슈퍼히어로, 슈퍼스타**

5. 슈퍼히어로 플랫폼은 빌런으로 인해 사람들이 불편하게 느끼는 부분을 해결하는 과정을 구조화한다.

6. 슈퍼스타 플랫폼은 없어도 크게 문제 될 것은 없지만, 있으면 사람들에게 큰 주목과 환호를 받을 수 있다.

하버드씽킹 플랫폼

1. 플랫폼씽킹

플랫폼에 대해 설명하기 전에 우리가 인식하고 있는 플랫폼의 정의와 인식을 다시 한번 점검해야 할 필요가 있다. 우리는 흔히 플랫폼을 구글이나 애플, 페이스북과 같이 대형 시스템을 보유한 기업의 서비스 프레임으로 정의 내리곤 한다. 하지만 이 책에서 말하는 플랫폼은 세계관이 다른 저마다의 체계라고 설명할 수 있다. 그 체계는 제품, 공간, 도시로 구분되고 그 개념 안에서 대상에 대해 다시 생각한다.

세계관은 유지한 채 전혀 다른 틀에서 대상을 새롭게 인식하고 분석하여 사유의 방식을 새롭게 하는 것. 그것이 바로 플랫폼씽킹이다.

쉽게 구글에 대한 예를 들어보자. 우리는 어쩌면 구글을 제품으로 생각하고 있는지 모른다. 왜냐하면 인터넷에는 수많은 포털사이트가 있고, 구글은 그 생태계 중 하나일 뿐이니까. 심지어 우리나라 사람들이 많이 사용하고 있는 네이버나 다음과 같은 포털사이트와 일종의 경쟁 체계를 이루고 있는 대상으로만 정의 내리려 한다.

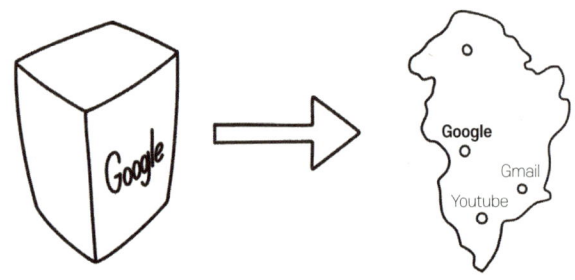

어떤 검색을 할 때 네이버에서 검색을 할지, 아니면 구글에서 검색을 할지 생각하고 선택하는 행동은 우리가 포털사이트를 '어떤 특정한 기능을 가진 제품'으로만 인식하고 있기 때문이다. 하지만 구글을 포털사이트라는 제품이 아닌 도시로 인식하면 이야기는 달라진다. 플랫폼을 다르게 생각해보는 것이다.

우리는 스마트폰 앱에 구글이라는 앱을 설치했기에 구글을 바라볼 때 제품으로 인식하고 바라본다. 하지만 구글이라는 공간 내에는 그 서비스를 사용하고 있는 우리들이 있고, 구글 검색창이라는 넓은 바다와 함께 유튜브라는 디지털단지, G-mail이라는 우편집중국, 플레이스토어라는 대형 쇼핑센터가 있다.

즉 구글의 생태계는 단순한 제품이 아닌 우리라는 구글 시민을 위한 다양한 시설을 갖춘 일종의 도시인 셈이다.

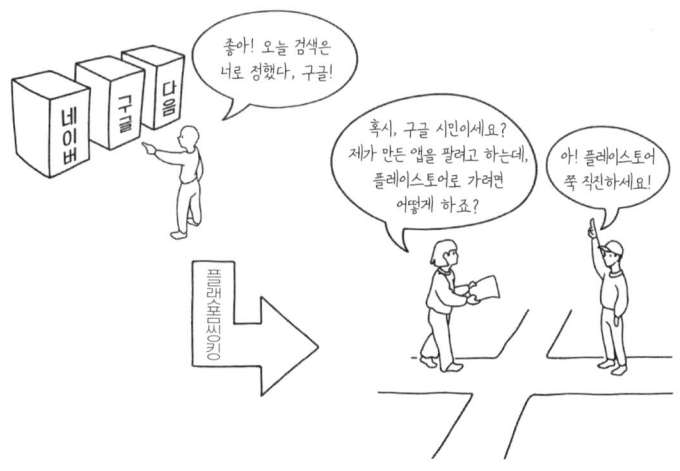

2. 유튜브의 플랫폼씽킹

이번에는 플랫폼씽킹을 통해 유튜브를 도시로 바라보자. 유튜브라는 도시에 내가 계정을 개설하면 마치 전입신고를 하는 것처럼 내 이름이 등록되고 작은 공간을 할당받게 된다.

만일 내 계정의 구독자 수가 높아져 10만 구독자를 돌파하면 유튜브로부터 실버버튼이라는 공로패를 받게 되고 이때부터는 행정력을 보유한 작은 도시로서의 지위를 얻는다. 유동 인구가 확보되어 있으며 상업시설 및 녹지공간이 구분된 도시의 모습처럼 콘텐츠의 카테고리가 성격별로 구분되어 있기 때문이다.

구독자 수가 100만 명을 넘으면 골드버튼을 받게 되는데 그때부터는 자치행정이 가능하다고 보고 광역시급의 대도시(Metropolitan)가 된다. 계정 내의 콘텐츠들은 도시의 구성요소가 되고 높은 유동 인구는 그 요소들에 반응하며 도시의 생태계를 구축해나간다.

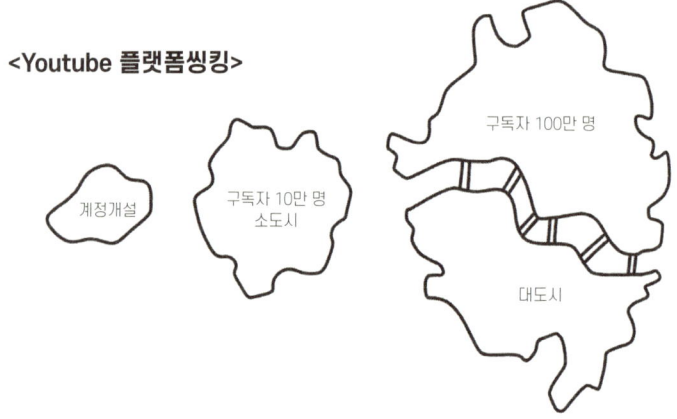

<Youtube 플랫폼씽킹>

우리는 보통 도심지에 어떤 공간이나 건축물을 구축하기 위해 주변 상권을 조사하는 등 입지 분석의 과정을 거친다. 하지만 플랫폼씽킹을 통해 유튜브 내 입지를 분석하고자 한다면 그건 구독자들의 인식에 대한 수요 분석으로 가능하다.

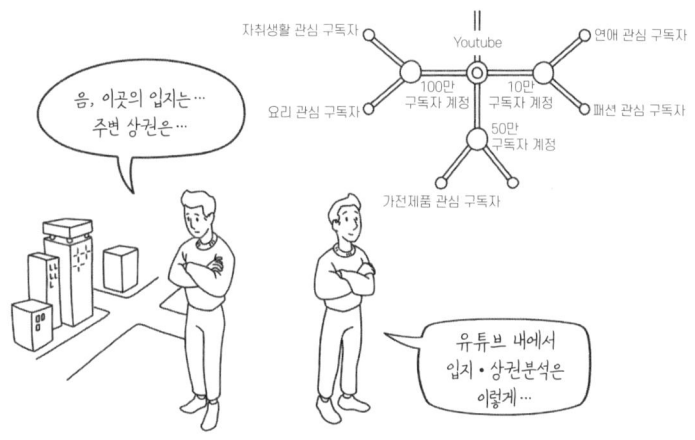

이제 상권분석 및 입지 분석이 끝났으면 콘셉트를 정하고 유튜브 내에 입점하여 상점을 오픈하는 일만 남았다. 콘셉트는 vlog, 제품리뷰, 일상 등등 다양한 요소들이 존재한다. 유튜브는 일정한 구독자 수를 채우고 나면 광고비 정산을 통해 수익을 창출할 수 있도록 하는데 이는 그 계정이 '도시'로서의 자생능력을 갖추게 하려 함이다.

또한 공간 재생, 또는 도시 재생과 같은 측면의 활동들이 유튜브 생태계에서도 나타나고 있는데, 첫 번째 예로 박막례 할머니를 들 수 있다. 지금은 너무도 유명세를 타고 있는 분이지만 유튜브에 등장하지 않았다면 그냥 일반인 할머니였을 그 박막례라는 단순한 공간이 하나의 도시로 업그레이드된 좋은 사례라고 할 수 있다. 유튜브를 통해서 인간에 대한 공간 재생이 일어난 것이다.

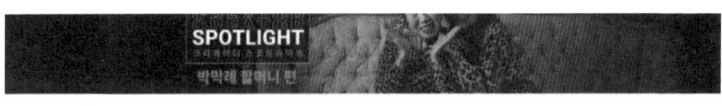

박막례 할머니 Korea_Grandma
구독자 132만명
구독

(Eng) 구글 CEO가 막례쓰를 만나고 싶대요!! 만남공개!!! [박막례 할머니]
박막례 할머니 Korea_Grandma
조회수 127만회 · 3년 전

업로드한 동영상

드디어!! 🎉막례 호박식혜🎉 출시 (팝업 한정으로..우리 만나요!)
조회수 24만회 · 10일 전

🌟아기가 집안 분위기에 미치는 영향🌟
조회수 82만회 · 2주 전

두 번째 예로 성호육묘장을 들 수 있다. 아무도 관심을 주지 않을 법한 시골의 농사일에 대해 주목도를 높이고 공간 재생을 이룰 수 있었던 건 유튜브를 잘 활용한 덕택이었을 것이다. 프로필의 섬네일 사진도 없고, 발음도 쉽지 않은 '성호육묘장'은 어느덧 40만 구독자를 넘긴지 오래다. 이는 유튜브 안에서 플랫폼씽킹을 통해 공간 재생을 이루고, 나아가 도시재생을 이뤄낸 모습이라 할 수 있다.

성호육묘장
구독자 40.9만명 · 동영상 4.1천개
구독

성호육묘장의 최신 동영상

땅굴속 아기토끼들에게 젖을 주는 장면입니다.
조회수 2.2천회 · 8시간 전
 성호육묘장

고추 담배나방피해를 막으려면 막걸리트랩을 꼭 설치하시면 좋습니다.
조회수 4.1천회 · 22시간 전
 성호육묘장

3. 하버드씽킹 퍼스널브랜딩 플랫폼

자기 스타일이 확고한 사람들이 있다. 그런 사람이 만약 작가이거나 예술가라면 어떤 작품을 부탁해도 그 사람의 스타일대로 결과물이 나온다. 그 사람만의 스타일을 기대해서 따로 작품을 부탁하는 경우가 있을 정도로 그 사람만이 낼 수 있는 색깔의 결과물을 누군가 좋아해 준다는 건 사람에 대해서 분명한 기대치가 존재한다는 의미일 것이다.

유명한 재즈 연주자가 있다. 만약 이 사람에게 곡 연주를 부탁한다면 그 어떤 곡도 재즈 느낌으로 해석하여 연주가 가능할 것이다. 마찬가지로 현대적 느낌의 국악 연주자가 있다면 어떤 곡을 부탁해도 국악적 색채를 기대해 볼 수 있을 것이다.

이처럼 어떤 작업에 대해 기대하는 바가 생긴다는 건 작업자에게 분명한 아이덴티티가 존재한다는 의미이다. 그 아이덴티티가 곧 퍼스널브랜드이며 어떠한 작업도 그 브랜드의 범위 내에서 이뤄지게 된다.

같은 맥락으로 하버드씽커는 주어지는 문제를 하버드씽킹으로 사고하여 해결이 가능하다. 하버드씽커가 보유한 사고의 모델을 활용해 다른 사람보다 문제를 효율적으로 해결할 수 있는 것이다. 즉, 하버드씽킹을 잘 이용하면 퍼스널브랜드화에도 많은 도움을 받을 수 있다.

Summary

1. 하버드씽킹은 플랫폼을 새롭게 인식할 수 있게 시야를 넓혀준다.

2. 우리는 구글을 검색 기능을 가진 제품으로 생각하고 있지만 도시로 인식하면 이야기는 달라진다.

3. 구글의 생태계는 단순한 제품이 아닌 '우리'라는 구글 시민을 위한 다양한 시설을 갖춘 일종의 도시다.
   ↳ **검색, 이메일, 드라이브 등**

4. 유튜브도 개인 채널이 아닌 하나의 도시로 여기면 전략적인 플랫폼 구축이 가능하다.

5. 박막례 할머니는 유튜브라는 도시를 통해 현재 129만 명의 대도시를 만들 수 있었다.

6. 자기 스타일이 확고한 사람들은 하버드씽킹으로 플랫폼 안에서 성공을 빨리 이룰 수 있다.

플랫폼씽킹 성과향상 디자인 6

1. 과제 플랫폼 정의하기

모든 일의 시작은 자신에게 주어진 과제를 정의 내리는 데부터 시작된다. 배달 앱 브랜드 배달의 민족은 주어진 과제인 '배달'에 대해 다음과 같은 정의를 내리고 일을 시작했다.

'사랑하는 사람들과 나누는 행복한 시간'

자신들에게 주어진 과제인 '배달'에 대해 행복한 시간이라는 정의를 내린 배달의 민족은 배달을 시키는 주체가 주로 팀의 막내인 20대라는 점에 착안해 20대로 타깃을 정하고 자신들의 브랜드 뼈대를 완성할 수 있었다.

배달의 민족 브랜드의 플랫폼은 제품형, 공간형, 도시형 중에서 어떤 플랫폼인 것일까? 소비자들이 만약 배달 음식을 시키려고 했을 때 머릿속에 떠오르는 앱이 배달의 민족밖에 없다면, 배달의 민족은 제품형 플랫폼으로 브랜딩이 되어 있는 것이다. 반면 소비자가 배달의 민족을 '여러 치킨 배달 업체가 모여있는 앱'으로 인식한다면 배달의 민족은 공간형 플랫폼일 것이다.

그럴 일은 별로 없겠지만 치킨을 시키려고 하는 소비자가 배달의 민족 앱을 켜면서 배달의 민족이란 '치킨도 시킬 수 있고 피자와 족발도 시킬 수 있으면서 대전과 부산, 광주 등 타 지역에 있는 사람들도 편리하게 이용할 수 있는 지역 기반의 앱'이라는 광범위한 인식을 하며 배달의 민족 앱을 켠다고 하면, 배달의 민족은 도시형 플랫폼이 되는 것이다.

이와 같이 나에게 주어진 과제에 대해 플랫폼을 디자인하면 사업의 규모와 소비자 인식 등을 예측하고 정의 내릴 수 있다. 배달의 민족을 운영하는 회사 우아한 형제들은 모든 일의 시작이 정의를 내리는 것으로부터 시작한다고 말하며 브랜드에는 일관성과 확장성이 필요하다고 강조한 바 있다.

우리가 지금 하려는 일이 무엇인가? 우리에게 주어진 과제는 무엇일까? 우리에게 주어진 과제가 우리에게 어떤 플랫폼으로 정의 내려져 있는지를 먼저 파악하고 플랫폼을 디자인하면 더 좋은 성과를 창출하며 과제를 수행해나갈 수 있을 것이다.

2. 나의 플랫폼 정의하기

애플을 설립한 창업자인 스티브 잡스는 남의 말을 귀담아듣지 않고 자신의 고집대로만 행동하는 불도저 같은 성격의 소유자였다. 덕분에 그는 자신이 만든 회사에서 쫓겨나게 되었고 오랜 시간이 흐른 뒤 다시 애플로 복귀하게 되었다. 다시 돌아온 스티브 잡스에게는 예전의 오만한 모습이 전혀 남아있지 않았고, 자신을 CEO가 아닌 CLO(Chief Listening Officer : 최고경청자)라고 칭하는 모습을 보였다. 예전과 다르게 다른 사람의 말을 경청했고 팀워크를 우선시했다.

이와 같은 변화는 까칠한 이미지만을 내세우던 제품형 플랫폼에서 공동체 속 여러 사람을 아우르는 광범위한 도시형 플랫폼으로 그 플랫폼이 변화하게 된 것이다. 그렇게 변화된 플랫폼 덕분에 애플의 직원들은 스티브 잡스라는 도시 안에서 소통할 수 있었고, 애플은 점점 더 성장하게 되었다.

당신은 자신이 어떤 플랫폼의 사람이라고 생각하는가?

당신이 CLO로 변화하기 전의 스티브 잡스처럼 한 가지 명확한 성격적 특성으로 사람들에게 이미지화 되어 있고 또 인식되어 있다면 제품형 플랫폼일 가능성이 크다. 아마도 애플의 직원들은 스티브 잡스를 고슴도치나 선인장과 같은 느낌의 제품으로 인식하고 있었을 가능성이 크다. 마음의 문을 열고 소통을 즐기며 당신이라는 공간 안에 사람들을 많이 초대하는 스타일이라면 공간형 플랫폼일 수 있다. 사람들이 편하게 출입하며 시간을 보낼 수 있는 공간이 당신 안에 마련되어 있기 때문이다.

CLO로 변화된 스티브 잡스처럼 회사라는 플랫폼 자체를 움직이며 사람들의 생활까지도 책임질 수 있는 경지에 올랐다면 도시형 플랫폼일 가능성이 크다. 당신이라는 도시 내에서 사람들은 여러 혜택을 누리며 생산성을 향상시킬 것이고, 도시의 시장인 당신은 전체를 책임지는 역할을 수행하고 있을 것이기 때문이다.

당신이 공간형 플랫폼이라고 분석되었다면 어떤 콘셉트로 공간을 디자인하여 어떤 타깃 방문자를 출입시키고 있는지를 분석할 필요가 있다. 또한 도시형 플랫폼이라 분석됐다면 어떤 스케일로 당신만의 도시를 가꾸고 있는지를 점검해볼 필요가 있다.

3. 일 처리 방식 플랫폼 정의하기

우리는 나에게 주어진 과제를 어떠한 플랫폼으로 처리해내고 있는지를 한번 점검해볼 필요가 있다.

나의 성향적 플랫폼을 충분히 분석한 뒤 일 처리 플랫폼을 분석해 보자. 당신은 과제를 수행해낼 때 누군가 시키는 일을 스케줄과 분량에 맞게 처리하는 걸 선호하는가. 아니면 자기 스스로 일을 찾아다니며 자신의 역량에 맞게 에너지를 사용하는 편인가.

만약 당신이 누군가 시키는 일을 수행하는 걸 선호한다면 당신은 제품형 플랫폼일 가능성이 크다. 일을 시키는 사람 역시 당신의 능력과 이미지가 제품화 되어 기능이 일목요연하게 정리되어 있다면 일을 맡기기 훨씬 수월할 것이기 때문이다.

그게 아니라 당신 스스로 일을 찾아다니며 에너지를 사용하는 편이라면 공간형 또는 도시형 플랫폼일 가능성이 크다. 당신이 만들어 낸 일에 다른 사람들을 참여시킬 수도 있고, 누군가에게 전달하거나 분배하는 등 소통형 일 처리 경향이 나타날 것이기 때문이다.

당신이 어떠한 플랫폼으로 일을 처리하고 있으며 당신의 일 처리 플랫폼은 과연 무엇인지 지금 바로 분석해보고 뚜렷하게 정의 내려 보자.

Summary

1. 나에게 주어진 과제를 플랫폼으로 디자인하면 더 좋은 성과를 창출할 수 있다.

2. 배달의 민족은 배달을 시키는 주체가 20대라는 점에 착안해 타깃을 정하고 브랜드 뼈대를 만들 수 있었다.

3. 소통의 영역을 확장할수록 제품형에서 공간형으로, 공간형에서 도시형 인간이 될 수 있다.

4. 수동적인 일 처리 방식은 제품형으로 인식되며 능동적인 처리는 공간형, 도시형 플랫폼으로 인식될 수 있다.

5. 스티브 잡스처럼 회사라는 플랫폼 자체를 움직이며 사람들의 생활까지도 책임질 수 있는 경지에 올랐다면 도시형 플랫폼으로 볼 수 있다.

6. 내가 일을 처리하고 있는 플랫폼은 과연 무엇인지 분석해보고 뚜렷하게 정의 내리면 한 단계 더 발전할 수 있는 방법을 모색할 수 있다.

7

하버드씽킹 X 플랫폼씽킹

1. 제품형 하버드씽킹

　기업에서는 기업의 미래 사업에 대해 신제품을 개발한다고 표현하거나 새로운 먹거리를 찾는다는 표현을 쓴다. 여기에서 말하는 신제품이나 신사업은 제품형 플랫폼의 관점에서 사고하고 언급한 것이며 그 제품에는 기대할만한 기능들이 포함되어 있다. 새로운 사업의 성공은 회사의 매출을 증대시킬 것이고 그를 통해 회사에 수익을 안겨주게 될 것이다. 이렇게 기대할 수 있는 뚜렷한 능력이 있는 요소는 제품형 플랫폼의 관점에서 해석될 수 있다.

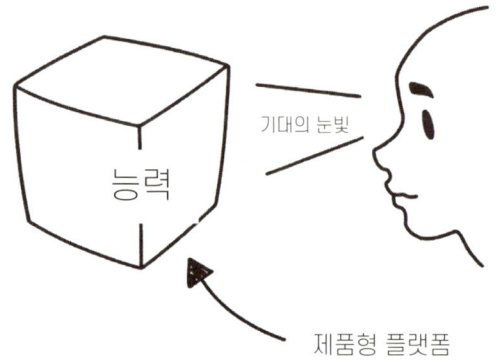

　새로운 제품의 개발은 해당 제품을 사용하게 될 사용자의 필요나 욕구를 충족시켜주는 기획에서 시작된다. 즉 공급 중심이 아닌 수요 중심적 사고로 기획이 되어야 하며 또 소비자가 얻게 될 가치에 대해 집중해야 한다.

소비자는 보통 성능이 월등히 우수한 제품을 구매하기보다 자신의 감각을 자극하는 스토리를 가진 제품을 구매하고 즐겨 사용하는 행태를 보인다.

예를 들면 우리는 '레고'라는 장난감이 우수한 스펙으로 제작되었기 때문에 구매하는 것이 아니다. 레고가 가지고 있는 스토리가 있고 그 스토리가 소비자에게 잘 어필되었기 때문에 끌림의 현상이 발생하는 것이다. 애플사의 제품 또한 마찬가지다. 애플의 컴퓨터나 스마트폰이 다른 브랜드와 비교했을 때 월등히 우수한 성능 때문에 소비자의 선택을 받는 것이 아니다. 애플은 소비자의 감각을 자극하는 스토리를 잘 만드는 미학적 능력이 있는 것이다.

현대카드는 카드 업계의 후발주자였다. 다른 카드사의 경쟁상대도 되지 않을 만큼 뒤늦은 출발이었다. 하지만 지금은 업계의 탑을 찍는 거대규모의 카드사로 성장했다. 여기에는 카드를 혜택의 수단으로 보는 시각이 아닌 카드를 그 자체의 제품으로 인식하고 다루는 감각이 한몫했다고 볼 수 있다. 또한 미학적 측면에서 실물 카드의 제품디자인을 강화시켰다. 혜택에 목숨을 거는 다른 카드사의 전략과 다른 방향을 택한 것이다. 소비자는 너무도 예쁜 제품인 현대카드 자체를 갖고 싶어 했고, 혜택이 좋지 않음에도 불구하고 현대카드는 성장할 수 있었다.

애플의 아이폰 역시도 삼성의 갤럭시와 비교했을 때 결코 기술력이 뛰어나기 때문에 소비자의 선택을 받는 것이 아니다. 애플은 현대카드처럼 아이폰을 '갖고 싶은 제품'으로 디자인하고 제작한다. 때문에 소비자들은 아이폰을 갖고 싶어 하게 되고 구매하게 된다.

모든 제품은 소비자의 선택을 받아야만 보유한 기능을 쓸 수 있는데 예를 들면 의사라는 제품형 플랫폼은 반드시 환자가 그 병원을 선택하고 의사를 찾아야만 그 기능을 발휘할 수 있게 된다.

<복합형 제품 플랫폼>

화장실에서 쉽게 접할 수 있는 칫솔과 치약도 사실은 제품이다. 칫솔 TV 광고를 보면 거의 대부분 칫솔모에 대한 부분이 중점적으로 나온다. 칫솔모가 나 있는 칫솔의 공간에 대한 우수성을 강력히 어필한다. 즉 칫솔은 단순한 제품형 플랫폼이 아닌 공간을 포함하고 있는 것이다.

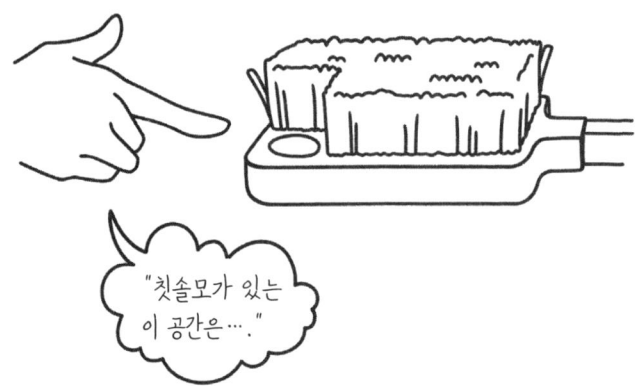

"칫솔모가 있는 이 공간은…."

치약도 마찬가지로 칫솔과 함께 양치의 도구로 쓰이는 제품으로 인식하고 있다. 하지만 치약의 내부에는 튜브형 공간이 반드시 존재하고 있다. 단순한 제품인 줄만 알았던 칫솔과 치약은 일종의 공간이었고 공간을 포함하고 있는 큰 제품이기도 한 것이다.

스마트폰 또한 마찬가지다. 우린 스마트폰의 디자인이나 성능이 마음에 들어서 제품을 구매하지만 그 내부에는 데이터를 저장할 수 있는 저장 '공간'이 있다. 스마트폰을 이용해 SNS를 이용하는 모습은 마치 도시 내에서 오프라인상 관계 맺고 지내는 생태계를 온라인으로 옮긴 것과 같은 모습이다. 스마트폰이라는 제품은 공간형 플랫폼도 포함하고 있으며 도시형 플랫폼도 포함하고 있는 복합형 제품 플랫폼으로 생각해 볼 수 있다.

이처럼 플랫폼에 대한 사고를 유연하게 하면 고정관념을 넘어 새로운 관점의 사고가 가능해진다.

<제품형 플랫폼 X 하버드씽킹>
우리는 대부분 한 가지의 전공을 선택하여 해당 분야의 전문가가 되기 위한 노력을 한다. 즉 누구보다 훌륭한 제품형 플랫폼이 되기 위한 노력을 하고 있는 것이다.

세상의 모든 제품은 저마다의 기능을 가지고 있다. 종이를 자르는 가

위, 햇빛을 막아주는 모자, 통화를 할 수 있도록 해주는 전화기 등 제품은 핵심적인 기능을 가진다.

나는 어떤 제품형 플랫폼인지 돌아보고 거기에 지금까지 도출한 나의 하버드씽킹을 결합시켜보자. 하버드씽킹이 제품형 플랫폼으로 기능할 수 있도록 장치를 마련해주는 것이다. 플랫폼은 고정해두고 그 플랫폼에 탑재된 하버드씽킹이라는 요소를 경쟁력으로 삼아 나의 플랫폼을 발전시킬 수 있다.

2. 공간형 하버드씽킹

　공간은 공간의 플랫폼 형식에 따라 제품을 위한 공간과 제품에 의한 공간으로 분류된다.

　제품을 위한 공간은 기업의 신제품 발표 현장과 같은 곳, 새로운 디자인의 자동차를 공개하는 자리를 예로 들 수 있다. 제품에 의한 공간은 어떤 작가의 개인전 작품이 전시되어있는 미술관 내부 공간과 같은 경우를 예로 들 수 있다.

이처럼 공간과 제품은 서로 분리되어 생각하기 힘들 정도로 가까운 사이에 있다. 공간 인테리어에 사용되는 여러 가지 디자인 소품도 제품에 속한다. 각 제품의 콘셉트를 잘 파악한 뒤 공간의 특성에 맞게 큐레이션 할 수 있는 것이 중요한 점이라 할 수 있을 것이다.

공간형 플랫폼의 관점에서 제품은 '공간을 위한 제품'과 '공간에 의한 제품'으로 구분해서 생각해 볼 수 있다.

스타벅스 매장에 들어가 보면 스타벅스의 경영 철학에 의해 인테리어가 구성되어져 있는 것을 확인할 수 있다. 공간의 콘셉트는 그 철학을 반영하고 있다. 스타벅스 매장 안에 있는 모든 제품은 스타벅스 공간을 위해 존재하고 있으며 이는 공간형 플랫폼의 관점에서 해석될 수 있다.

기능을 나타내는 제품형 플랫폼과는 달리 공간형 플랫폼은 그 공간의 유입률을 높이는 게 중요하다고 할 수 있다. 공간의 철학을 우선 분명히 하고 공간 내에 속한 모든 제품들이 공간을 위해 존재하는 의미로 그 양식을 정해야만 공간형 플랫폼의 경쟁력이 생긴다.

예를 들어 '나'라고 하는 공간 속에 있는 모든 요소는 내 철학의 지배를 받고 있는 제품이라고 정의를 내리는 것이다.

Q : 여러분은 어떤 제품들인가요?

하버드씽킹을 하고 있는 나. '나'라는 공간의 경영 철학은 무엇인가. 내가 공간이라면 내 안에 있는 제품들을 잘 정돈하고 인테리어 한 뒤 손님이 찾아와서 머물 수 있도록 해야 할 것이다. 그 매뉴얼은 다름 아닌 경영 철학이다.

스타벅스는 사람을 중요시하는 경영 철학을 가지고 있다. 따라서 스타벅스 커피숍에서는 진동벨을 제공하지 않는다. 직원이 손님에게 직접 말을 건네며 음료를 전달한다. 스타벅스 브랜드의 뼈대를 완성 시킨 하워드 슐츠 전 스타벅스 CEO는 아래와 같이 말하며 인간 중심의 경영 철학이 자리매김하고 있음을 밝힌 바 있다.

> "커피를 파는 것이 아니라 공간과 문화, 경험을 판다."
> <하워드 슐츠 전 스타벅스 CEO>

하버드씽킹을 담은 당신이라는 공간의 경영철학은 무엇인가. 아래 칸에 직접 적어보자.

'나'라는 공간의 경영철학은? [   ]
그를 위해 '나'라는 공간은 [   ] 운영하겠다.

ex) 스타벅스의 경영철학은 '사람 중심'
그를 위해 스타벅스라는 공간은 '진동벨' 없이 운영한다.

이렇게 공간의 경영 철학을 정리했다면 이젠 공간의 콘셉트를 정해보도록 한다. 빈티지, 모던, 캐쥬얼 등등 선택지는 많다. 하지만 나의 하버드씽킹에 의한 경영철학이 반드시 반영된 맥락의 콘셉트여야 한다는 점을 잊지 말자.

3. 도시형 하버드씽킹

도시 안에는 생산활동과 소비활동이 이루어지고 있으며 도시 내에서 자급자족이 이루어질 수 있다. 일반적인 개념의 도시는 자치적인 행정이 가능하다.

도시는 오케스트라처럼 서로 다른 파트를 맡고 있는 사람들이 서로 어우러지며 시너지효과를 내고 있는 하나의 그룹이다. 오케스트라는 연주 중에 협연자의 현악기 줄이 끊어지는 위기 상황에 대비해 그 대처 방법이 시스템화 되어 있다. 바이올린 연주 협연자는 제1 바이올린의 악장이 위치한 바로 앞자리에서 연주를 하는데 만약 바이올린의 줄이 끊어질 경우 신속하게 악장과 자신의 악기를 바꾼다. 그럼 악장은 바로 뒤에 앉은 연주자와 악기를 바꾸고 순차적으로 바뀐 줄이 끊어진 악기는 제1 바이올린의 제일 뒷자리 연주자에게 전달된다.

그럼 그 연주자는 조용히 대기실로 이동하여 협연자 악기의 줄을 교체한 뒤 무대로 돌아온다. 이러한 시스템을 통해 오케스트라는 위기에 대처하고 불확실성에 대한 이슈로부터 조직을 보호한다.

오케스트라가 일종의 시스템을 갖추고 있는 것처럼 도시도 위기 상황과 치안에 관한 자치적인 법과 조례를 갖고 있다. 이러한 자치적 내용들이 도시 안에 있는 여러 산업활동과 균형 있게 어우러져 행정의 근간을 마련하게 되고 도시는 발전하게 된다.

도시형 플랫폼의 관점에서 생각하면 '도시를 위한 공간'과 '도시에 의한 공간'으로 공간의 개념을 분류해 볼 수 있다.

도시를 위해 존재하는 공간은 도시를 계획할 때부터 계획되어 설계되는 경우가 많다. 하천, 공원, 녹지공간, 주거시설, 근린시설 등 도시라는 시스템 내에서 여러 공간적 요소들이 서로 유기적인 관련성을 맺으며 공존하고 있다.

우리가 부산에 살지 않고 수도권에서 생활하고 있는 경우엔 부산에 대한 인식이 마치 바다와 관광이라는 기능을 지닌 제품처럼 인식되기도 한다. 때문에 '여행'이라는 키워드를 떠올리면 부산과 제주도 등 관광도시 중에서 한 곳을 선택하는 모습을 보이게 된다.

도시의 관점에서 보면 도시 내의 여러 산업과 시설들이 각각 하나의 제품처럼 인식된다. 각각의 도시마다 지역적 특색이 있듯이 도시는 공간의 관점에서도 사유할 수 있으며, 도시라는 공간 내에 존재하는 작은 공간적 요소들이 마치 오케스트라처럼 하모니를 내며 유기적인 형태로 공존하고 있다.

도시형 플랫폼은 제품이나 공간형 플랫폼과 조금 다르게 장기적인 관점에 포커스를 맞추고 지속적인 성장을 추구하는 경우가 많다.

'나'라는 도시의 브랜드는 무엇일까? 부산이나 제주처럼 관광이 될 수도 있고, 밀라노처럼 디자인이 될 수도 있으며 시애틀과 같이 커피가 제일 먼저 떠오를 수도 있다. 그럼 그 키워드를 내 정체성과 잘 융합시켜 새로운 키워드를 만들어내고 그걸로 도시의 정체성을 확립하면 된다.

자신의 한 가지 특기를 앞세워 제품형 플랫폼으로 오랜 시간을 살아온 사람은 이처럼 도시계획을 세우는 데 많은 어려움이 있을 수 있다. 그럴 경우는 도시계획이 아닌 도시재생의 관점으로 접근할 수 있다.

도시계획이나 도시재생을 시작하면 먼저 기반 시설에 대한 계획이나 점검을 하게 되는데, 내가 주력으로 에너지를 쓸 수 있는 효율적인 분야에 집중하여 계획을 세우면 된다. 예를 들어 나는 지금껏 한 학교의 미술 교사로만 살아왔으나 앞으로는 나의 미술작품을 여러 사람이 보고 느낄 수 있게 유튜브 채널을 개설하고 활동을 시작하겠다는 목표를 정했다고 하자.

그럼 그 목표는 제품형 플랫폼의 미술에서 도시형 플랫폼의 미술로 도시재생 또는 도시계획을 설정한 모습이 된다. 이처럼 하버드씽킹이 적용된 나만의 도시형 플랫폼을 만들어보자.

도시형 플랫폼을 구축하는 과정에는 인스타그램이나 페이스북, 유튜브 같은 SNS 활동이 많은 도움을 주는 경우가 많다.

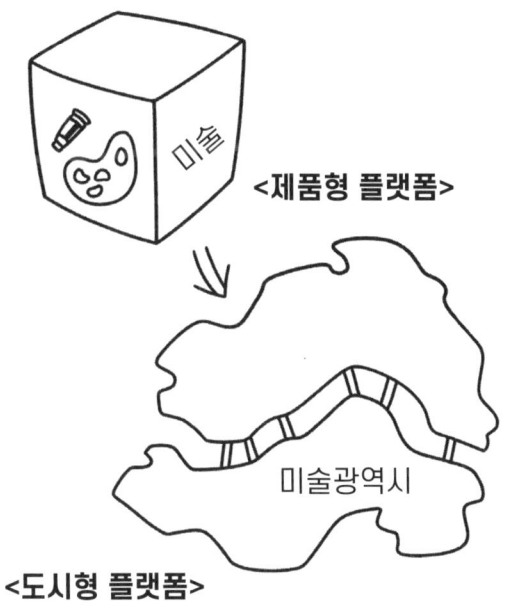

Summary

1. 제품과 공간도 하나의 플랫폼으로 볼 수 있다.

2. 플랫폼에 대한 사고를 유연하면 고정관념을 넘어 새로운 관점의 사고가 가능해진다.

3. 애플은 소비자의 감각을 자극하는 미학적 어필로 성공을 거두었다.

4. 어떤 제품형 플랫폼인지 파악하면 나의 하버드씽킹과 결합할 수 있다.

5. 공간형 플랫폼은 '공간을 위한 제품'과 '공간에 의한 제품'으로 구분할 수 있다.

6. 스타벅스는 공간에 '문화와 경험을 판다'라는 철학을 넣어 세계 1위 커피 기업이 됐다.

7. '나'라는 공간의 경영 철학은 무엇인가. 하버드씽킹을 통해 내 안에 있는 제품을 잘 이용하여 나를 업그레이드 시키자.

하버드씽킹 칼럼

1 하버드씽킹의 대화법

1. 창의성에 대한 하버드씽킹

코로나19로 인해 많은 분야가 타격을 입게 되었지만 그중 교육 분야가 입은 타격이 가장 컸다. 위기 상황에 대한 대처 능력이 어느 정도 배양된 성인들이 주축이 되어 이끌어가는 산업 분야는 그야말로 어떻게든 상황대처가 가능했다. 하지만 미성년 학생들을 대상으로 하며 그들을 이끌고 가야 하는 교육 분야에서는 상황에 대한 대처가 말처럼 쉬운 것만은 아니었다.

전적으로 오프라인에 의존하던 교육방식은 비대면 원격수업으로 대체되었고 원격수업 화면의 모습 뒤에서 학생들은 조금씩 딴 짓을 하기 시작했다. 문제는 학생들뿐 아니라 교사 역시도 딴 짓을 하기 시작했다는 것이었다. 우리나라의 교사들은 원격수업에 대한 피로감이 쌓였는지 직접 수업을 진행하기보다 EBS 영상을 틀어주는 경우가 더 많았고, 이로써 수업의 질은 현격히 떨어졌다. 수업의 질 저하는 학생들의 학력 저하로 이어졌고, 심지어 '근의 공식'도 모른 채 중학교 3학년을 마치는 학생들마저 생겨났다. 대한민국 교육산업의 정중앙에 커다란 씽크홀이 생겨버린 것이다.

대입 수능으로 이어지는 모든 교육과정에서 어느 한순간도 무의미한 부분은 없을 것이다. 그렇게 학생들은 수능에서 좋은 점수를 얻기 위해 고3이 되기까지의 모든 학교 공부에 총력을 기울인다. 하지만 지금 그 과정에 문제가 생겨버린 것이다. 미국의 수능인 SAT의 경우 코로나19의 직격탄을 맞았던 2020년, 대입에서의 그 비중을 하향조정 했다. 미국의 명문대학인 하버드대학과 프린스턴대학 등이 학생들의 SAT점수 제출을 필수에서 선택으로 조정했기 때문이었다. 학생들은 힘들게 SAT를 안 봐서 좋았고, 낮은 SAT 점수 때문에 원하는 대학에 원서를 내지 못하던 학생들에게도 새로운 기회가 찾아온 것이다. 우리나라의 수능과 같은 의미인 SAT. 이 시험의 점수를 제출하지 않아도 대학에 입학할 수 있도록 대처한 미국 명문대학들의 행보는 과연 우리들의 시각에서 창의적인 모습이라 말할 수 있을까?

서울대학교 명예교수인 김도연 동아일보 논설위원은 동아일보 칼럼에서 전국 모든 학생들을 한 줄로 세우는 획일적인 평가가 바로 수능이라며 수능에 대해 비판의 목소리를 낸 적이 있다. 정말로 우리의 수능은 오지선다형 객관식 문항에서 반드시 정해진 정답 하나만을 골라야 점수를 받을 수 있는 획일적이고 극단적인 시험이다. 만약 우리의 수능이 미국의 SAT나 프랑스의 바칼로레아처럼 주관식 답변이 가능한 상태라면, 오답을 적을지라도 아예 틀린 답이 아닌, 어느 정도는 일리가 있는 주장이라는 평을 받으며 절반의 점수라도 받게 될 수는 있을 것이다. 하지만 수능은 5개의 보기 중 정답이라 미리 정해진 단 1개의 답만을 선택하도록 구조화되어있고, 우리는 이 시스템에 매우 익숙해져 있다는 게 문제다. 서로 의견이 다름을 이해하지 못하며 아예 틀린 것으로 간주해버리는 이 사회의 현상은 우리가 어려서부터 흑백논리에 몹시 익숙해져 있었기 때문이기도 하다.

결국 우리는 다양성에 대한 기본적인 학습을 어려서부터 충분히 받지 못한 채 자라오고 있으며 그것에 대한 개혁을 몹시 두려워하고 있다. 만약 대입 수능에서 10점짜리 주관식 문제의 답안에 일부 논리가 타당하다는 이유만으로 5점이나 3점을 줄 수 있다고 한다면 공정성에 문제가 생길 것이기에 우리의 획일적 수능 제도는 굳건히 이어져오고 있는 상태이다. 문제는 그러한 교육을 받으며 체계적으로 성장해 온 우리들의 모습 속에 사회적으로 인격적인 획일성이 드러나고 있다는 점이다.

하버드대가 SAT점수를 포기할 수 있었듯 우리나라의 명문대인 서울대에서도 수능점수를 포기하는 일이 생길 수 있을까? 아마 공정성이 저해된다며 반발이 일 것이다. 우리의 기준에서 공정성이 없다는 말의 뜻은 획일적이지 않다는 뜻과 동일하다. "획일적이지 않으므로 이건 무효다." 또는 "문제가 극단적으로 출제되지 않았기에 평가의 기준이 모호하다." 등의 표현은 우리가 예쁘게 포장해서 내뱉고 있는 말들의 본래 뜻일지 모른다.

프랑스의 수능인 바칼로레아, 호주의 대입제도, 미국의 SAT 등 세계 여러 나라의 시험에서는 주관식을 포함한 문제들을 통해 다양한 학생들의 창의적인 목소리를 청취한다. 하지만 우리나라에서 수능을 치르고 좋은 점수로 대학을 가기위해서는 창의성을 조금 죽일 필요가 있다.

2. 3세대 CEO의 하버드씽킹

국민대 경영대학의 백기복 교수는 어느 날 강의 시간에 '만약 원하는 대로 될 수 있다면, 대통령과 대기업 회장 중에서 누가 되고 싶으냐'라고 학생들에게 물었다고 한다. 재미있게도 대다수 학생이 대기업 회장을 택했다. 학생들이 이처럼 대기업 회장을 더욱 매력적으로 여기는 이유를 살펴보면, 5년이라는 제한적 임기의 대통령과 달리 본인이 하고 싶을 때까지 할 수 있다는 장점이 있고, 자신이 원하는 사람을 평생 자리에 앉힐 수도 있다. 또 세습이 불가능한 대통령직과 달리 회장직은 자식에게 물려주는 게 가능하다는 점 등 회장이 가진 권력의 깊이가 대통령보다 훨씬 크다고 백 교수는 설명한다.

어느 순간부터 대한민국 기업 경영자들의 모습이 달라지고 있다. 이병철, 정주영, 구인회로 대표되는 1세대 CEO들은 불가능을 딛고 삼성과 현대, LG를 창업한 장본인들이다. 그들의 질주 본능이 이건희, 정몽구, 구본무 등 카리스마 형 2세대 CEO들에게 고스란히 전해진 덕분에 우리 기업들은 세계무대에 안전히 안착할 수 있었다. 그 시절까지의 회장님 이미지는 늘 높은 곳에 있었으며, 회장님 말씀이 곧 법으로 통용되곤 했었다. 그러나 2세대까지 지켜오던 회장님 카리스마는 더 이상 온데간데없고, 이젠 보통 사람들과 친구를 자청하는 3세대 CEO들이 등장했다.

대표적 3세대 CEO이자 신세계그룹의 실질적 오너인 정용진 부회장은 자신의 인스타그램에 반려견과 가족의 모습, 그리고 새로운 맛집 소개 등을 담는다. 옆집 아저씨처럼 푸근한 인상을 전해주는 정용진 부회장은 SNS에서 '용진이 형'으로 불리고 있다. 인스타그램에 그는 재래시장에 방문한 사진과 직접 요리하는 모습 등을 올리기도 하는데, 소통하는 팬들은 그의 인간미 넘치는 모습에 더욱 매력을 느끼며 4만 개가 넘는 '좋아요'를 달았다. 인스타그램 피드 속 정용진 부회장이 입고 있는 청바지가 뭐냐는 댓글 질문에 그는 직접 브랜드를 밝히며 관련 홈페이지를 공유해 주는 등 친근한 인간의 모습을 보였다.

3세대 CEO들과 같은 시대 선상에 있는 엔씨소프트의 창업주 김택진 대표는 팬들에게 '택진이 형'으로 불린다. 평상시에도 소탈한 보통 사람의 이미지가 강한 김택진 대표는 여전히 친근한 동네 형 이미지로 엔씨소프트를 이끌고 있다. 3세대 CEO인 정태영 현대카드 부회장 역시 고객과 직접적으로 소통한다. 그는 본인이 출장 중에 있는 경우만큼은 CEO 방에 직원들이 출입할 수 있도록 했고, 직원들이 CEO 자리에 앉아 마치 사장인 것처럼 자유롭게 기념사진을 찍을 수 있도록 배려하는 재치를 보여주기도 한다.

하버드대학의 협상 전문가인 오스틴 로프트는 '대화하려 하지 않는' 상대방의 마음을 움직여 '대화를 하고 싶은' 상황으로 바꿔주는 일을 했다. 우리는 보통 마주 앉아 서로 자신의 이야기를 말하는 것이 대화라고 생각하지만, 진짜 대화는 쌍방의 교류가 반드시 발생한다. 오스틴의 이론에 따르면 1세대, 2세대까지의 CEO들은 '말'을 했던 것이고, 3세대부터는 '대화'를 시도한 것으로 풀이된다.

하버드대학 심리학자인 센딜 멀레이너선은 감정과 관계의 깊이가 비례해야만 교류가 가능하다고 말한다. 그는 하버드대학에서 수년간 진행해온 인간관계에 대한 연구를 종합하여 자기 노출에 대한 4단계를 정리했다. 자기 노출의 1단계는 "요즘 잘 지내요?"와 같은 의례적인 질문이며, 2단계는 자신이 어떤 사람인지 기본 정보를 드러내는 과정이다. 자기 노출의 3단계는 친구 사이에서 일어나는 모습인데 자신의 관심, 태도, 가치관 등을 솔직하게 이야기하며 그 주제에 대해 공유하고 적극적인 관계를 형성한다. 4단계는 절친 사이에서 일어나는 모습이며 민감한 문제와 사생활을 털어놓고 감정적인 교류를 하게 된다. 우리나라의 3세대 CEO들은 하버드에서 말하는 자기 노출의 3단계 과정을 통해 대중들과 교류하고 있는 것으로 보인다. 민감한 내용의 소통 때문에 커뮤니케이션의 큰 리스크를 감수해야 하는 4단계를 제외한다면 가장 높은 단계의 소통을 실현하고 있는 셈이다.

하버드의 언어학자인 스티븐 핑거는 '듣는 과정에서 우리가 범하는 가장 큰 오류는 우리가 우리에게 의미 있는 말만 듣고, 다른 사람에게 의미 있는 말은 듣지 않는다는 것'이라고 했다. 자신의 '말하기'를 중시했던 지난 세대의 경영자들과 달리 지금 세대의 경영자들은 오히려 '듣기'에 더 집중하는 듯하다. 지금 우리는 듣기에 노력하고 있는지, 아니면 한마디라도 더 말하기에 급급하고 있는 건 아닌지 자신을 한번 점검해봐야 할 때이다.

3. 대화의 방법에 대한 하버드씽킹

코로나19의 여파로 인해 산업의 구조가 달라졌음은 물론, 이제는 대화의 방식 또한 점차 변화되어가고 있는 추세이다. 일본 요미우리신문에 따르면 2020년 11월 규슈 지역 구마모토현에서는 드라이브스루를 통해 청춘 남녀들의 맞선을 보게 하는 이벤트가 진행되었다고 한다. 장기화되고 있는 코로나19의 영향 때문에 생겨난 일시적인 행사로 보여질 수도 있지만 이것은 심각할 정도로 저하되고 있는 일본의 출산율에 따른 일종의 대책이다. 남녀 간의 만남이 성사되기 위해서는 서로 대면하여 대화를 나누고 충분한 교감이 이루어져야 하는데, 그 과정을 특색 있는 드라이브스루로 진행하여 주목도를 높인 것이다. 악조건 속에서도 인간은 어떻게든 대화의 결과를 완성해냈다.

그동안 국가가 국민 개개인과 대화를 나누는 방식은 주로 관련 서면이 담긴 우편물을 통해 이루어졌다. 내야 할 세금이 있으면 고지서를 발송하고, 그 외 다양한 내용의 전달을 우편물에 담아 국민에게 보내곤 했다. 하지만 20대 젊은 공무원인 국세청 안태훈 조사관은 세금 환급과 관련된 고지서를 우편물이 아닌 카카오톡으로 발송하자는 아이디어를 내 세금 24억 원을 절감해냈다. 이로써 안태훈 조사관은 최우수 공무원 표창을 받게 된다. 국가와 국민 사이 대화의 방법을 효과적으로 개선하고 국가의 경제적 이득까지 창출해낸 셈이다.

롯데칠성음료의 생수 브랜드인 '아이시스'는 '아이시스 ECO'를 선보이며 투명 PET병을 감싸는 비닐 라벨지를 제거한 뒤 PET 자체에 제품명을 음각으로 새겨 넣는 새로운 디자인을 제시했다. 이를 통해 분리수거를 돕고 비닐 배출량을 효과적으로 줄여내는 결과를 얻게 된다. 이 아이시스 ECO는 2020년 한 해에만 1,000만 개가 넘게 팔리는 기염을 토해내며 30~40대 소비자들로부터 높은 호응을 얻었다. 새로운 제품의 디자인을 통해 기업이 추구하는 경영 철학을 소비자에게 정확히 전달하고 디자인의 변화로 기업과 소비자간 대화의 방법뿐만 아니라 대화의 내용까지 달라지게 된 것이다.

미국뿐 아니라 전 세계에서 가장 일하기 좋은 회사로 선정된 구글은 직원 중 86% 이상이 회사 생활에 만족한다고 답할 정도로 사명감과 자부심이 높은 회사이다. 구글의 한 인사책임자는 "업무의 속도보다 글로벌 기업이 지켜야 할 윤리와 책임"이 중요하다고 말하며 회사의 윤리성을 자랑하고 다녔다. 하지만 구글은 회사에서의 성희롱 및 비윤리적 경영 행태를 비판하는 직원이 생기자 그를 감시하고 인사 보복을 감행하는 등의 조치를 취하게 된다. 이 사건을 통해 구글 내에서는 노조가 결성되기에 이른다. 회사와 직원 사이의 대화 방법이 내부고발자 한명으로 인해 뒤틀려지게 된 것이다.

2021년에 발행된 하버드비즈니스리뷰에는 내부고발자를 어떻게 다뤄야할지에 대한 짤막한 기사가 나온다. 2019년 미국 증권거래위원회는 위반자를 색출하는 데 도움을 준 내부고발자 8명에게 약 6,000만 달러를 지급하는 등 올바른 정보 제공을 현금으로 포상하는 규제집행 프로그램을 선보인 바 있다. 기업 내 대부분의 직원은 보복이 두려워서 회사와의 민감한 문제에 대한 대화를 나누지 않으려 하는 경향이 있다. 실제로 내부고발자 가운데 약 80%가 해고, 괴롭힘, 위협, 강등을 당했다는 기록이 세상에 알려지게 된다.

하버드비즈니스리뷰는 기업 내에 새로 영입한 리더가 그 전 조직에서 취하던 대화의 방법을 그대로 가져와서 새 직장에서 활동하고 있는 사례를 제시한다. 반대로 새로 옮긴 직장이 자유분방했던 이전 직장과는 다르게 엄격하고 경직된 분위기여서 새로운 대화법에 적응하느라 애를 쓰는 모습도 소개한다. 기업과 유능한 인재 간의 대화법도 이처럼 딱히 정형화된 해답 없이 서로 다른 문화에 조금씩 맞춰가는 과정으로 그려지고 있다.

인간은 어떻게든 대화를 하며 지낸다. 비대면 문화의 확장으로 인해 온라인, SNS를 통해서 서로 간의 소통이 이루어지고 있을지라도 이 역시 분명 대화의 일부이다. 기업이 출시하는 제품의 디자인을 통해 소비자는 기업의 철학과 대화를 나누고 있고, 공간 디자인과 교감을 이루기 위해 우리는 먼 거리로 이동하면서까지 고급호텔, 유명카페 등의 특정 공간을 방문한다. 모든 것은 서로 관계 맺고 있으며 이처럼 작은 단위로 이루어지는 어떤 소소한 디자인까지도 모두 누군가와 대화를 나누기 위한 행위임을 우리는 인식해야 한다.

4. 하버드씽킹의 공간대화법

경기도 부천시에는 쓰레기 소각장이었던 건물을 재생해 문화공간으로 탈바꿈시킨 '아트벙커B39'라는 공간이 있다. 원래 이 공간은 하루 약 200t에 달하는 쓰레기들을 수거해오던 곳으로 시민들이 근처를 지나가기도 꺼리던 곳이었다. 그런데 시민들이 문화생활을 하며 휴식을 취할 수 있는 복합문화공간으로 탈바꿈되자 기존 공간에 대한 접근을 꺼렸던 사람들조차 제 발로 찾아오기 시작했다. 공간의 재활용이 생산 효과를 불러오게 된 사례다.

우리나라 국민들은 재활용에 대한 관심이 매우 많은 편이다. 전국적인 규모로 쓰레기 종량제를 시행하는 나라는 전 세계에서 대한민국이 유일하기 때문이다. 그 때문인지 자원의 재활용률 역시 2017년 68.2%에 달할 정도로 세계 최고 수준을 자랑하고 있다. 이처럼 플라스틱과 같은 자원을 폐기하지 않고 재활용하면 환경을 살리는 모습이 된다. 마찬가지로 더 이상 공간의 기능을 활용할 수 없는 쓰레기 소각장을 재활용하여 문화공간을 만드는 모습 역시도 환경문제에 대한 일종의 해답이 될 수 있다.

하버드대학의 협상전문가인 리어 찰스는 "다른 사람을 설득하려고 한다면 먼저 다른 사람이 당신의 말을 들을 수 있게 만들어야 한다."고 말했다. 이를 공간에 대입해보면 공간의 가치를 시민들에게 설득하기 위해서는 먼저 공간이 표출하고 있는 문화적 언어를 시민들이 이해할 수 있도록 번역해야 한다는 뜻이 된다. 설득을 위해서는 논리가 필요하고 그 논리를 상대방이 받아들이는 순간 설득이 완성되며 협조를 얻을 수 있는 상태가 된다. 아트벙커B39는 '쓰레기 소각장이었던 폐공간의 문화적 재생'이라는 충분한 논리를 통해 시민들을 설득했고 결국 성공하게 된 것이다.

환경부에서는 2020년에 '주민 친화형 복합폐기물처리시설 디자인 공모전'을 실시했는데 소각장에서 나온 폐열 에너지를 활용해 온실을 구축하는 아이디어의 '광명 문화 온실'이 대상으로 선정되었다. 공모전의 슬로건은 '감추고 싶던 곳에서 보여주고 싶은 곳으로!'였다. 주민들이 접근을 꺼리는 폐기물 처리시설을 오히려 선호하는 시설로 변모시키겠다는 취지가 반영된 것이었다.

2021년에 출간된 하버드 비즈니스리뷰에는 '프레임을 조금만 바꾸면 직원들의 행복지수를 높일 수 있다'는 연구가 소개된 바 있다. 연구는 직원을 두 그룹으로 나눠서 한쪽은 자신이 지금 하고 있는 일을 '경험을 제공한다'로 보게끔 했고, 다른 한쪽은 '제품을 제공 한다'로 보게 했다. 그러자 제품이 아닌 경험을 제공한다고 인식했던 직원 그룹에서 대체적으로 높은 행복도가 나타났다고 한다.

앞서 언급한 아트벙커B39는 방문자에게 어떤 물리적인 제품을 제공하는 곳이 아니다. 아트벙커B39는 공간에 대한 경험을 시민들에게 제공하기 위해 문화적인 대화를 계속 시도하고 있는 것이다. 그곳을 찾는 시민 중 대다수는 예전에 쓰레기장이었던 공간이 어떻게 변화했는지에 대한 궁금증을 안고 공간에 대한 경험을 위해 방문한다.

설득에 있어서 논리와 이성은 항상 강조되지만 그보다 상대방의 마음을 울리는 설득이 더 큰 힘을 발휘하곤 한다. 이를 위해선 설득하기 전에 상대방에 대한 충분한 이해가 필요하다. 아트벙커B39라는 공간은 지어지기 전부터 쓰레기 소각장이었던 해당 건물에 대한 충분한 이해를 하는 데 시간을 들였다. 그렇게 소각장을 설득하는 데 성공하여 아트벙커B39는 탄생 될 수 있었고, 이 공간은 다시 시민들을 향해 설득을 이어가고 있다. 우리가 자주 방문하는 공간은 달리 생각해보면, 그 공간과 나와의 대화에서 어느 순간 내가 설득당했기 때문일 수 있다.

5. 비대면에 대한 하버드씽킹

2021년 12월, 위례신도시에 배스킨라빈스 위례점이 오픈했다. 독특한 점은 직원이 없는 무인 매장이라는 점이다. 배스킨라빈스는 모든 서비스를 비대면으로 제공하는 '플로우24'라는 사업을 통해 매장의 무인화를 준비했는데 이는 '끊이지 않는 즐거움'이라는 콘셉트로 배스킨라빈스 매장의 24시간 모든 서비스를 비대면으로 편리하게 사용할 수 있다는 의미가 담겨있다. 코로나19로 인해 고착화되어가는 비대면 문화는 이미 우리 일상의 트렌드가 되었고 우리는 이를 자연스레 받아들여가고 있다.

사실 이런 무인 매장이 본격화되기 전부터 우리는 비대면에 점차 익숙해져 왔다. 비대면으로 고속도로를 통과하는 하이패스나 비대면으로 은행 창구 업무를 수행할 수 있는 일부 은행 자동화기기 등이 그러한데 실은 온라인 공간에서 이루어지는 커뮤니케이션도 비대면의 범주에 포함될 수 있을 것이다.

인터넷 중고장터 혹은 당근마켓에 접속해보면 온라인 티켓을 매물로 판매하는 경우를 종종 발견할 수 있다. 온라인 티켓은 해당 바코드를 스마트폰 화면에 캡쳐하여 전송하는 것만으로도 간단히 거래가 이루어지는데 이는 실물 티켓을 직접 전달하는 과정에서 발생 되는 시간과 비용의 소모를 획기적으로 줄여준다. 즉, 비대면 체제를 통해 거래의 목적이 빠르고 정확하게 달성되며 그에 수반하는 육체적, 정신적 스트레스는 감소 되는 결과를 가져오는 것이다.

마크 저커버그와 빌 게이츠의 스승으로 유명한 하버드대학교의 해리 루이스 교수(Harry R. Lewis)는 온라인 공간을 구성하는 인터넷망의 규모가 개발 당시의 예상보다 훨씬 거대해졌다고 말한다. 최초의 인터넷 개발 당시에는 0과 1로 구성된 데이터 전송에 필요한 기능만을 제공하겠다는 통신규약을 정했는데 지금 우리가 주고받는 데이터의 범위는 그 당시에 했던 상상 이상으로 확대되어 졌다. 인류는 그 한계가 명확히 명시되지 않은 인터넷 통신규약(Internet Protocol) 안에서 한계를 넘어설 정도의 기술 발전을 통해 우리 삶의 편익을 높이고 비용을 감소시키는 보편성을 디자인해 가고 있는 것이다.

2022년에 발행된 하버드비즈니스리뷰의 내용을 보면 디지털화되어 가는 세상에서 살아남으려는 기업은 디지털화 이상의 가치 창출을 위한 활동을 구상해야 할 필요가 있다는 문제점을 제기하는 부분이 나온다. 하지만 대부분의 경영진은 미래의 성공을 위해 개혁을 단행할 준비가 아직 되어 있지 않다는 분석을 이어간다. 기술 발전 속도에 균형을 맞춘 기업 생태계의 변혁은 단순한 표현인 것 같으면서도 그 실현이 매우 까다로운 과제이다.

결국 경영진이 어떤 생각(Thinking)을 하고 있느냐에 따라 기업이 나아가야 할 방향성이 결정되고, 어떤 전략을 구사하느냐에 따라 기업에 어떤 엔진을 탑재할지가 결정된다. 디지털화, 비대면화, 지속적인 거리두기와 영업 제한 등 최근 우리 사회에 부여된 제약은 너무나도 많다. 이와 같은 상황 속에서 우리는 어떤 생각과 행동을 통해 최적의 상황을 디자인해갈 수 있을 것인가.

서비스제공자와 소비자가 서로 얼굴을 마주하는 대면의 상황과 그렇지 않은 비대면의 모든 상황 속에서도 소비자는 소비활동을 통해 자신이 목적하는 바를 성취하는 결과를 얻게 된다. 즉 그 과정만 다를 뿐 대면과 비대면이 추구하는 서비스 제공의 목적과 본질은 동일하다는 것이다.

비대면으로 여러 프로젝트를 수행하는 미국의 애플은 대면과 교감의 문화를 끈질기게 고집하는 스타벅스의 매출보다 더 높은 연간 수익을 벌어들인다. 비대면 소통 플랫폼인 페이스북, 인스타그램을 소유한 메타(META)의 글로벌 사용자는 35억 명에 달한다. 인류는 상호 간 소통을 원하며 지내지만, 대면에 비해 비대면의 방식에 더 많은 시간을 소비하며 지내고 있다.

Summary

1. 3세대 기업 CEO들은 소비자와 직접 소통하는 방식을 취하고 있다.

2. 하버드대학의 협상 전문가인 오스틴 로프트 이론에 따르면
   1, 2세대 CEO는 '말'을 한 것이고,
   3세대 CEO는 '대화'를 시도한 것이라고 풀이할 수 있다.

3. 하버드 심리학자 센딜 멀레이너선은 자기 노출에 대한 4단계를 아래와 같이 정의한다.

   - 1단계 -
   기본적인 안부 인사를 통해 의례적인 질문
   - 2단계 -
   기본 정보를 드러내며 내가 어떤 사람인지 표현하는 것
   - 3단계 -
   관심사, 태도, 가치관을 공유하며 적극적으로 관계를 설정하는 것
   - 4단계 -
   민감한 문제와 사생활을 털어놓으며 깊은 감정 교류를 하는 것

4. 모든 것은 서로 관계를 맺고 있으며 작은 단위로 이루어지는 작은 디자인까지도 모두 누군가와 대화를 나누기 위한 행위이다.

5. 우리는 자주 방문하는 공간과도 대화를 하고 있다. 부천시 쓰레기 소각장이었던 한 건물은 '아트벙커B39'라는 문화공간으로 바뀌어 불만이 가득하던 시민과 소통하는 것에 성공했다.

하버드씽킹 매니지먼트 I

1. ESG에 대한 하버드씽킹

ESG(환경보호-사회공헌-경영체제)에 대한 사회적 관심이 뜨겁다. 이윤을 극대화하는 것이 핵심 경영 가치였던 기존 기업들이 이처럼 산업화 시대의 이념을 뒤로하고 환경과 사회적 가치를 경영전략으로 내세우고 있다는 점은 상당히 흥미로운 부분이다. 미국의 경제학자이자 시카고학파의 핵심 인물인 밀턴 프리드먼은 "기업의 사회적 책임은 자신의 자원을 활용해 이윤을 증대하는 활동에 임하는 것"이라고 강조한 바 있을 정도로 그간 기업 경영의 핵심 가치는 기업의 성장을 통한 주주 이익의 극대화에만 집중되어 있었다. 이처럼 성장과 이윤 창출만을 바라던 기업 경영의 핵심적 가치는 사회적으로 기업 내부에 환경문제나 지배구조의 결함이 있을지라도 덮어주며 관용을 베푸는 모습이 가능하게 했었다.

ESG 경영은 '투자자'에 관점이 집중되어 있는데 이 내용은 그간 산업화 시대와 확연히 다르다. 지금까지의 기업이 재무 가치나 경제 기여 등 주로 재무적 측면에 의해 투자자로부터 평가받아 왔다면, ESG에서는 환경과 사회공헌 그리고 지배구조 등 비재무적 정보가 더 중요하게 된 것이다.

기업들의 경영 행보도 이런 흐름에 적극적으로 동참하고 있다. 세계 최대 식품회사인 네슬레는 사회적 가치를 측정하고 관리하는 데만 매년 100억 원 이상의 비용을 지출하고 있으며 설탕과 나트륨, 포화지방을 식품에서 줄이는 목표에 대한 진행 상황을 매년 소비자에게 발표해 나가고 있다. 현대자동차는 전기차의 제조 과정에서부터 사탕수수 폐기물로 만든 바이오 합성수지를 이용하여 헤드라이닝을 제조하거나 대두유를 원료로 한 친환경 페인트로 도색을 하는 등 ESG 경영에 적극적인 모습을 보인다. 또한 현대자동차는 2020년 10월 영국 런던에서 열린 '리스타일'이라는 행사에서 폐차된 자동차에서 나온 폐기물을 이용해 주얼리와 옷 등을 만들어서 판매하는 등 자동차 폐기물로 인한 환경오염을 줄여나가는 활동에 참여하기도 했다.

이러한 추세 때문인지 최근 금융기관들도 ESG에 대한 원칙을 정하고 기업들을 대하는 모습을 보이기 시작했다. 금융기관에 대출 신청을 한 기업이 친환경, 사회공헌, 경영체제 등의 분야에서 어떤 노력을 기울이고 있는지를 체크하고 정해놓은 기준을 통과해야만 대출이 허용되도록 제도화하는 등의 행보를 취한 것이다. 미국의 대표적 투자은행인 모건 스탠리(MSCI)는 ESG 지수를 정기적으로 공개해 소비자의 선택을 돕는 모습을 보이고 있다.

최태원 SK 회장은 한 포럼에서 "ESG는 기업의 생존이 걸린 문제"라고 선언했으며, 삼성경제연구소 사장은 "ESG는 불가역적인 것"이라고 표현하기도 했다. 산업화 시대의 이윤 극대 행위는 더 이상 기업과 투자자에게 최선의 결과를 제공하지 못한다는 관측이 새로운 시대의 변화를 이끌어 가고 있는 것이다.

'자본주의 대전환'이라는 책을 쓴 리베카 헨더슨 하버드대학 교수는 "주주가치의 극대화에만 관심을 두는 것은 사회와 지구뿐 아니라 기업 자체의 건강에도 대단히 위험한 발상"이라는 경고를 하며 기업이 지속가능한 세계를 만들기 위해 행동해야 할 것에 대해 주장했다. ESG를 경영 전략에 통합시키는 내용은 기존의 평가방식과 다른 기준이 요구되기도 한다. 기존 관점이라면 ESG 점수가 높은 기업이 성과가 좋다고 생각될 수 있지만 생각을 바꿔보면 원래 뛰어난 기업이 ESG 점수도 높고 성과도 좋은 기업일 수도 있는 것이다.

'공정하다는 착각'의 저자인 마이클 샌델 하버드대 교수는 저서에서 공정함이 정의를 뜻하는 공식이 정말 맞는 것인지, 능력주의는 공정하게 작동되고 있는지에 대한 끊임없는 질문을 던진다. 기업은 지금껏 기업이 추구해오던 '지속 성장 가능성'에 대한 주체를 줄곧 기업과 주주에만 한정 지은 채 사고하고 있었다. 하지만 ESG 시대에는 기업과 주주만 지속 성장해서는 더 이상 아무도 살아남을 수 없게 되었다.

2. 디자인경영의 하버드씽킹

일본 이와테현에 있는 한 온천 시설이 부동산 매물로 나왔다. 온천 시설에 대해서는 '욕탕이 깨끗하다', '유황 냄새가 많이 난다'는 등 훌륭한 리뷰가 많이 달려있다고 한다. 그 때문에 높은 가격에 매물이 나왔을 것이라고 사람들은 생각하겠지만, 온천 매물의 가격은 0엔! 즉 공짜 매물이 나온 것이다.

다만 인수 조건이 조금 까다로웠다. 해당 시설을 5년 동안 반드시 온천 시설로만 유지해야 하며, 인수자는 개인이 아닌 법인이어야 한다. 이는 개인이 운영하다가 일찍 그만두는 것을 방지하기 위함이자 주민들의 온천 보존 요청을 수용하는 지자체의 입장이 반영된 것으로 볼 수 있다. 그러나 이곳 주민의 인구는 지난 10여 년간 2천 명가량 감소했고, 앞으로도 더 줄어들 전망이다. 300엔으로 고정되어 있는 온천 이용료 수입만으로 시설 관리비를 충당하기란 인수하는 시점부터 마이너스 운영이 될 것이 뻔하다. 일본의 온천 이용객은 1992년 정점을 찍은 이후 점차 감소하는 추세에 있으며, 우후죽순으로 생겨난 일본의 지역 온천들은 세월의 흐름 속에 점점 몰락해 가고 있다.

일본의 명문 대학인 와세다대학교 MBA 과정에서는 물건의 판매가 아닌 서비스 판매 중심 사고를 요구한다. '운동화 판매'를 예로 들면 운동화를 판매하는 것이 아니라 '달리기'를 판매하라고 말한다. 운동화 구매를 통해서 실현할 수 있는 상황을 판매하여 비즈니스를 풀어가라는 말이 될 것이다. 현대 경영의 흐름은 제품을 디자인하는 것이 아닌 제품을 사용하면서 사용자가 느끼는 가치를 디자인하는 쪽으로 이미 발전해 왔다.

LG의 3세대 경영자인 구광모 회장은 "디자인은 고객과 만나는 시작과 끝"이라는 말과 함께 디자인-브랜드의 상관관계에 대한 중요성을 강조해왔다. LG전자의 디자인경영은 2005년 주방가전 브랜드인 '디오스'로부터 'LG시그니처', 2018년 'LG오브제', 2020년 'LG오브제컬렉션'에 이르기까지 지속적으로 성장해왔다. 피처폰 시절, 프라다(PRADA)와 합작으로 만든 명품 핸드폰 프라다폰을 만든 것도 '디자인경영'이 깊이 뿌리내려진 LG의 작품이었다. LG의 이러한 행보를 통해 소비자들은 'LG스럽다', 'LG답다'는 식의 사고를 자동적으로 하게 되었고 이로써 기업의 정체성이 확립되게 된다.

예전 해외의 어떤 은행은 신입사원들에게 예금 계좌를 최대한 많이 확보하라는 목표치를 주면서 전략을 수립했다고 한다. 하지만 조사 결과 은행 지점의 이익과 예금 계좌 사이에는 아무런 상관관계가 없음이 확인되었다. 실질적으로 은행에 이익을 제공하는 고객은 주택 자금 대출 고객이었던 것이다. 은행은 '돈 안 되는 사업'에 열중하며 헛수고를 하고 있었다.

앞서 언급한 일본의 온천 역시도 공짜로 얻을 수 있는 부동산이라면 사실 마다할 이유는 없다. 하지만 오히려 5년 동안 '돈을 잃는 사업'이라는 사실을 인식하게 되면 얘기는 달라진다. '선택과 집중'에서 '무엇을 할 것인가?'보다 더 중요한 건 '무엇을 하지 않을 것인가?'를 결정하는 일이다. 스마트폰이나 하이테크 분야는 1~2년만 지나도 진부하게 느껴질 만큼 회전속도가 빠르고 경쟁이 치열하기에 집중해서 체력을 쓰기엔 위험성이 크다. 디자인을 우선시하는 경영 문화라면 더욱 선택과 집중에 신중해야 할 것이다.

2012년 하버드대학 로스쿨 입시 문제로 "당신 자신에 관해 쓰시오"라는 문제가 출제되었다. 실제로 하버드대학에서는 '당신은 누구인가?', '어떤 사람인가?', '가치관은 어떠한가?' 등 자기 나름대로 자신을 분석하고 단련할 만한 질문과 훈련을 자주 한다고 한다. LG는 디자인 경영의 지속을 통해 LG의 제품을 보는 것만으로도 LG 다움을 인식하게 한다. 하버드에서는 '인식'이 다르면 '진실'도 다르다고 말한다. 우리 각자는 '나'다움을 위해 행동을 디자인한다. 하지만 나의 행동을 인식하는 주변 사람들은 각기 다른 이미지로 '나'를 인식한다. 결국 정체성을 결정하는 문제는 얼마나 꾸준하게 집중할 수 있느냐에 달렸다. 아직도 우린 '디자인'을 '디자이너들이나 하는 것'으로 정의 내리고 있지는 않은지 점검해야 한다. 속도를 내야 할 때와 멈출 때를 알고, 해야 할 일과 하지 말아야 할 일을 구분하고 선택하는 일 역시 내 삶과 내 기업의 정체성을 디자인하는 모습 중 하나임을 기억해야 한다.

3. 협업에 대한 하버드씽킹

2021년도에 발행된 하버드비즈니스리뷰에는 실패하는 스타트업에 대한 분석이 소개되어 있다. 하버드경영대학원 교수인 톰 아이젠만이 쓴 이 리뷰는 스타트업 실패의 가장 큰 두 가지 패턴을 다음과 같이 말했다.

첫째. 적절한 이해관계자를 찾지 못한다는 것.
둘째. 사전 준비 없이 무조건 행동에 나선다는 것.

아이디어도 훌륭하고 역량도 뛰어난 창업자들이 창업에 성공하지 못했던 이유에 대해 공통적으로 거론되는 점은 바로 경험이 부족했다는 것이다. 전문화된 시스템에만 익숙해져 있던 이들은 자신의 전문 분야가 아닌 곳에서 문제가 발생했을 때 적절히 대처하지 못하는 모습을 보였다.

현재 미국의 혁신적 IT기업이 된 애플은 1990년대 중반까지만 해도 사람들이 별로 사용하지 않는, 소위 말해 비주류의 상품들만을 만들며 관련 시장의 귀퉁이에 겨우 발을 담그고 지내던 회사였다. 그러던 애플이 1997년 창업자인 스티브 잡스가 CEO로 복귀하자 아이맥, 아이팟, 아이폰 등등 시장의 흐름을 선도하는 주류 상품을 출시하며 성공 가도를 달리기 시작했다.

스티브 잡스는 CEO로 복귀한 뒤 첫 번째로 애플의 모든 사업부장을 한 번에 해고했다고 한다. 개별적으로 움직이던 사업 부서의 기능들을 하나로 통합하여 서로 협업하게 만든 것이다. 그리고 최고경영자였던 스티브 잡스는 당시 디자이너로 일하던 조나단아이브를 부사장으로 승진시킨 뒤 그와 긴밀히 협업하며 애플을 단숨에 디자인기업으로 변모시켜냈다. 경영자가 가진 협업에 대한 혁신적인 의지가 기업의 동맥경화를 해소했고, 혁신적인 기업이라는 수식어까지 얻게 만든 것이다. 그렇다면 이처럼 기업의 성장을 위해 성공적인 협업을 이끌어내는 방법에는 어떤 것들이 있을까?

하버드 경영대학원 교수인 프란체스카 지노는 하버드비즈니스리뷰를 통해 협업할 때 말하는 것보다 듣는 것이 더욱 중요하다고 했으며, 공감력을 향상시키는 훈련을 해야 한다고 말한 바 있다. 그가 밝힌 협업 성공 사례들을 보면, 협업에 참가한 모든 사람은 자신의 배경, 스펙을 내세우지 않은 채 헌신적으로 일하고 있었다. 또한 협업에서는 리더십에 못지않은 팔로십의 중요성에 대해서도 언급하고 있다.

사람들의 주된 관심은 "어떻게 하면 리더십을 발휘할 수 있을 것인가"인데, "어떻게 해야 잘 따라가는 것인가"의 문제에 대해서도 고민해 볼 필요가 있다는 것이다. 훌륭한 협업은 매 순간 필요에 맞춰 리더와 팔로워가 막힘없이 회전하는 높은 융통성을 발휘한다.

기업 내에서 상사는 대체적으로 아랫사람에게 지시하는 역할로 이미지화되어 있다. 상사라고 하면 보통 편하게 소통하기보다는 강하게 지시하거나 특유의 카리스마로 조직을 이끌어가는 모습이 떠오른다. 하지만 상사가 스스로 자신의 업무에 대한 보고서를 써서 아랫사람에게 보여주면서까지 소통하기 위해 노력하는 일이 벌어진다면 어떻게 될까?

스티브 잡스는 애플을 경영하는 자신의 리더십을 종이 한 장에 정리했고 이를 공유했다. 결과적으로 이 리더십 선언문을 통해 기업의 진정한 리더십이 시작되었다고 할 수 있다. 스티브 잡스는 세상이 복잡해질수록 더욱 단순하며 분명하게 나아가야 할 것을 강조했고, 그 철학과 일치하는 행동을 보이기 위해 수백 장으로도 모자를 자신의 보고서를 단 한 장에 담아 간결하게 드러내는 모습을 보였다. 결국 애플이 만들어내는 모든 제품의 디자인은 더 이상 뺄 것이 없을 정도로 단순하고 간결한 형태로 제작되었으며, 스티브 잡스는 자신의 철학을 디자이너인 조나단아이브와의 협업을 통해 제품으로 표현하고 증명해냈다.

2011년 스티브 잡스는 갑작스럽게 세상을 떠났다. 그와 줄곧 협업하며 혁신적인 제품을 디자인해오던 조나단아이브 역시 얼마 전 애플을 떠났다. 더 이상 짜릿한 협업을 이뤄낼 상대가 없었던 탓일까? 세계 최대 회사 중 하나인 애플의 최고 권위를 포기하고서 떠나갔으니 말이다. 훌륭한 리더십과 훌륭한 팔로십은 매 순간 그 의미를 같이한다.

4. 출퇴근에 대한 하버드씽킹

　코로나19 팬데믹으로 인해 아득히 먼 미래의 모습으로만 여겨졌던 비대면 원격사회는 생각보다 빠르게 개막되었고, 그로 인해 사람의 물리적 실체에 관한 우리의 기존 통념은 시대착오적 발상으로 치부되며 역사의 뒤안길로 그 모습을 감추어 가고 있다. 바이러스가 주춤하고 다시 일부 대면 문화가 부활한 엔데믹 상황에서도 여전히 사람들은 비대면 업무를 선호하고 있고 이젠 미래 사회의 모습이 아닌 현재 시대의 모습으로 고착화 되어가고 있는 중이다.

　한국을 대표하는 IT기업인 네이버와 카카오는 2022년 7월 4일부터 전면 원격근무 체제를 도입했다. 네이버 직원들은 R타입(Remote-based Work)과 O타입(Office-based work)의 두 가지 근무 형태 중 하나를 선택하여 업무를 한다. R타입은 주 5일 내내 원격으로 근무하고, O타입은 3일 이상 회사로 출근하는 형태다. 이 근무 형태를 처음 시작할 때 절반이 넘는 55%가 R타입을 선택했는데, 이는 이미 인류가 비대면에 익숙해지고 있음을 뜻하는 지표이기도 하다. R타입을 선택한 네이버 직원들은 호텔, 카페, 휴양지 등 장소성에 구애받지 않고 현재의 공간을 업무 공간으로 탈바꿈시킬 수 있게 되었다. 그런데 이처럼 직원을 배려하는 차원의 회사 정책은 기업의 생산성 향상에 도움이 될 수 있는 것일까?

　2022년 3월에 발행된 하버드비즈니스리뷰는 직원 경험에 대한 접근을 기존과 다르게 생각할 필요가 있다고 말한다. 이는 직원들에게 무엇을 제공할 것인지에 대해서만 고민하기보다 직원들이 어떻게 느끼는지에 중점을 두고 고민할 필요가 있다는 뜻으로 이해할 수 있다.

포천 500대 기업 직원들의 복리후생에 관한 연구보고서 저자인 카롤리나 발렌시아(Carolina Valencia)는 직원의 기본적인 욕구가 충족되고 나면 물질적인 복지보다는 정서적인 측면에 더 강력하게 동기부여된다고 말하며 오늘날의 직원들은 단순히 노동자가 아닌 사람으로 대우받기를 원하고 있다고 했다.

팬데믹 상황을 거친 근로자들에게는 이미 일과 일상의 경계가 모호해졌으며 직장 생활과 회사 밖의 생활을 별개의 것으로 생각하지 않는다고 한다. 하지만 무엇보다 중요한 건 우리에게 근본적인 유연성이 존재하고 있는가다. 자율성의 보장이라는 체제와 우리 안의 근본적 유연성이라는 내재 가치를 밸런스 있게 맞춰 나가야만 개인의 성장과 업무의 생산성을 동시에 달성할 수 있는 시대가 됐다. 오히려 과제는 더 어려워진 셈이다.

우리가 만약 몸을 만들 목적으로 피트니스센터에 가지 않고 단지 그 시설을 이용해보거나 센터 내 사람을 사귀어보기 위해서 간다면, 목표 설정이 잘못되었다. 대학에 진학하는 것 역시도 커리어 신장을 위한 학습이 목표이지 캠퍼스 생활만이 목표가 되어서는 안 될 것이다.

원격근무는 이미 이 시대의 경험치가 되었고 이제는 일상으로서 자리 잡아가고 있다. 업무공간의 공간성은 잘게 쪼개져 분산되고 있다. 햄버거를 먹거나 커피를 마시는 공간의 공간성이 여러 대의 차량으로 분산되어 도로 위에 배치된 드라이브스루처럼 말이다. 드라이브스루 이용자들에게 중요한 건 음식을 섭취할 수 있는 물리적 공간의 제공이 아닌 내가 원하는 음식을 원하는 곳에서 먹을 수 있는 상황의 제공일 것이다.

우리의 업무공간은 지금도 분산되어 재배치 되고 있는 중이다. 공간의 특성에 맞게 우리가 행동하던 것이 이제는 목적에 맞게 공간을 적절히 활용하는 모습으로 변화하고 있는 것이다.

5. B급 상품 비즈니스에 대한 하버드씽킹

대학생들에게 강의를 하다보면 학생들의 다양한 디자인 결과물을 받아보게 된다. 얼마 전에는 B급 농산물을 유통시키며 창업을 하겠다고 말하는 대학생 팀이 나타났는데 그 팀이 진행한 여러 프로젝트가 우수해 좋은 점수를 줬던 기억이 있다.

그 대학생 팀의 주장은 이러했다. 농산물의 외관은 결코 맛을 결정짓는 요인이 아닌데, 예쁜 농산물에 비해 B급 농산물만 소비자들의 선택을 받지 못하고 쌓이게 된다는 것이다. 이런 B급 농산물을 저렴한 가격에 유통하고, 주스를 만들어 판매하는 등 소비자 인식을 개선하면 좋은 창업 아이템이 될 수 있다는 게 그 팀의 주장이었다.

철저한 조사를 통해 꼼꼼하게 진행했던 프로젝트이니만큼 그 학생들은 좋은 점수를 받으며 학기를 마무리했다. 학생들이 최종적으로 제출한 디자인 보드판에는 못생긴 농산물 사진이 있었고, 이를 캐릭터화한 못난이 캐릭터들이 한쪽에 자리하고 있었다. 이때까지는 몰랐다. 학생들이 수업 시간 발표에 여러 번 언급하며 사용했던 'B급 농산물'이라는 단어와 '못난이 농산물'이라는 단어가 서로 다른 의미라는 것을 말이다.

2021년에 발행된 하버드비즈니스리뷰에는 못생긴 상품을 팔 때는 그냥 못난이라고 불러야 한다는 인터뷰 내용이 나온다. 사람들은 못생긴 농산물이 영양가도 떨어지며 맛도 없을 것이라는 생각을 주로 한다고 한다. 하지만 농산물이 못생겼다는 걸 확실하게 알리게 되면 상품이 가지고 있는 문제가 단지 겉모습뿐이라는 사실이 오히려 강조되고 이를 통해 맛에 대한 편견이 차단된다는 것이다. 또한 '못난이'라는 라벨을 붙이며 가격을 20% 정도만 할인한다면, 40%나 60%까지 할인할 때보다 더 구매율이 높아진다는 사실 또한 발견되었다고 한다.

여기서 알 수 있는 건 'B급'과 '못난이'가 서로 다른 의미 체계로 소비자에게 작용하고 있다는 점이다. B급이라는 표현은 사실상 애매하다. 제품의 문제가 무엇인지 정확히 밝혀지지 않았기 때문에 소비자들로 하여금 다양한 결함을 상상하게 만든다.

반면 '못난이'의 경우는 제품의 문제가 단지 겉모습뿐이라는 점을 명확히 한다. 하버드비즈니스리뷰는 못생겼다는 점을 감추기 위해 '개성파농산물'과 같은 눈 가리기식 표현을 사용하는 것이 오히려 더 위험한 결과를 초래한다고 말하고 있다. '못난이'라는 표현은 소비자들로 하여금 구매로 이어지는 과정의 지름길 역할을 하고 있는 것이다.

브랜드에 대한 경험은 한 쪽으로만 집중되어야 한다. 고객 경험은 이미 기업의 핵심적 차별 요소가 되었고, 고객 경험을 관리하는 것이 기업 성장을 관리하는 것이다. 결국 B급이라는 표현을 사용하는 브랜드보다 결함을 솔직하게 드러내는 브랜드가 더 나은 고객 경험을 제공하고 또 소비자들의 선택을 받게 된다는 것이다.

발표했던 우리 학생들은 머릿속으로 '못난이 농산물'을 떠올리며 입으로는 'B급 농산물'을 말한 것이었을지도 모른다. 이 둘은 비즈니스에서 서로 다른 의미로 작용되고 있다는 점을 지금이라도 말해주고 싶다.

Summary

1. 수많은 기업들이 경영을 통해 나온 수익으로 환경을 보호하고 사회에 공헌하는 ESG를 진행하고 있다. 실제로 미국 투자은행 모건 스탠리(MSCI)는 ESG 지수를 정기적으로 공개해 소비자의 선택을 돕고 있다.

2. 하버드씽킹을 통해 우린 제품이 아닌 사용자가 느끼는 가치를 디자인 할 수 있다. 나이키에서 운동화를 판매하는 게 아닌 '달리기'를 파는 것처럼 말이다.

3. '선택과 집중'에서 중요한 건 '무엇을 할 것인가?' 보다 '무엇을 하지 않을 것인가?'를 결정하는 일이다.

4. 하버드에서는 '인식'이 다르면 '진실'도 다르다고 말한다. 우리 각자는 '나'다움을 위해 행동을 디자인해야 한다. 아직도 '디자인'을 '디자이너들이나 하는 것'으로 정의하고 있는가?

5. 협업에 대한 하버드씽킹도 가능하다. 스티브 잡스는 디자이너인 조나단아이브를 부사장으로 승진시킨 뒤 그와 긴밀히 협업하며 애플을 단숨에 디자인기업으로 변모시켰다.

6. 협업에 성공하려면 말하기 보다 '경청'해야 하며, 자신의 배경과 스펙을 내세우지 않아야 한다.

하버드씽킹 매니지먼트 II

1. 공감에 대한 하버드씽킹

협상에 있어 가장 중요한 것은 상대에 대해 얼마나 알고 있느냐이다. 나와 다른 의견을 가지고 있는 상대방의 발언에 대해 '왜' 그렇게 말할 수밖에 없는지를 찬찬히 생각해본다면 우리는 조금씩 열린 태도를 갖추어 가게 될 것이다.

우리는 모두 자신의 주장을 한다. 반면 성공적으로 이루어지는 협상의 과정에는 상대를 알고 싶어 하는 태도가 밑바탕 되어 있는 경우가 많다. 상대방을 이해하기 위해서는 꼭 상대방 관점에서 생각해봐야 한다.

KAIST 출신 여성 4명이 공동으로 창업하여 개발한 '이너시아'라는 생리대가 있다. 이들은 대학교 재학시절 셀룰로오스 조직에 전자빔을 쏘면 흡수력이 훨씬 좋아지는 3차원 구조체를 가지게 된다는 것을 알게 됐다. 이 아이디어를 가지고 창업 아이템을 찾던 중 300여 개가 넘는 후보군 중에 여성에 대해 공감을 바탕으로 한 생리대를 선택했다. 하지만 넘어야 할 산이 많았다. 전자빔을 이용한 공정은 첨단 부품을 만들 때 쓰이는 비싼 기술이라 생리대에 적용하기에는 단가가 맞지 않았던 것이다. 그러나 2017년에 있었던 생리대 파동을 떠올리며 시중 생리대에 많은 유해 물질이 있다는 것을 소비자들이 이미 알고 있다는 믿음으로 개발을 지속했다.

이들은 1년여 동안 개발을 지속하여 셀룰로오스 기반 흡수체를 개발했고 셀라텍스(Cellatex)라는 네이밍으로 특허를 출원할 수 있었다. 비록 시중의 생리대와 비교해 높은 가격대를 형성할 수밖에 없는 구조이지만 와디즈펀딩을 통해 약 1억 원어치의 예약을 받아내는 등 여성이 가진 문제에 대한 공감은 생각보다 놀라운 효과를 불러왔다. 공감은 디자인씽킹 과정에서 나오는 중요한 키워드이기도 하다. 그 사람의 입장에서 생각해봐야 제대로 된 해결책을 찾을 수 있고 직접 발로 뛰며 실험하고 검증해야만 결과물을 얻어낼 수 있는 것이다.

미국 펜실베이니아대학 와튼스쿨의 모리 타헤리포어(Mori-Taheripour) 교수는 열린 마음에 대해 설명하면서 열린 마음을 유지하는 과정에는 자기 성찰이 포함된다고 말한 바 있다. 상대방에 대한 공감을 시작하기 전에 자신의 욕구를 파악하고 그 욕구와 상대방의 욕구를 모두 충족시킬 수 있는 작품을 만들어 내는 것이 협상이다.

이너시아 생리대는 개발자 자신이 느끼는 불편을 해소할 욕구를 동일한 여성의 불편으로 확대하여 공감하였고, 공감을 통해 확인된 욕구는 새로운 제품의 출시로 이어질 수 있었던 것이다. 버려졌을 땐 자연에서 생분해된다고 하니 환경적인 측면의 욕구까지도 공감하고 배려한 모습이 보인다. 생리대라는 아이템의 생태계를 변화시키려는 노력과 확실한 결과가 관찰된다.

2021년에 발행된 하버드비즈니스리뷰에는 변화에 대해 뛰어난 적응력을 가진 기업의 9가지 특징을 다음과 같이 소개한다.

<변화에 대해 뛰어난 적응력을 가진 기업의 특징 9가지>

- 목적성
- 수용력
- 개발력
- 방향성
- 연출력
- 행동력
- 연결성
- 확장성
- 유연성

목적을 분명히 해 소속감을 형성하고 방향성을 잡은 뒤 사회와 연결되는 포인트를 짚어 변화의 한계를 수용하고 연출하며 확장하기에 이른다. 그 뒤 성장을 준비하는 개발과 행동을 통해 유연하게 변화에 적응하는 일. 그것이 변화에 뛰어난 적응력을 가진 기업이라고 하버드비즈니스리뷰는 말한다.

변화가 필요한 내용을 공감하고, 업무 방식을 바꾼 뒤 리더가 직접 변화를 향해 움직여야 한다. 그것이 공감을 바탕으로 한 혁신적인 제품을 만들어내는 하나의 매뉴얼이다. 세상은 지금도 변화를 추구하며 쉬지 않고 달리고 있다. 하지만 상대방에 대한 공감이 없는 변화는 금세 퇴색되어 버리고 만다. 당신은 상대에 대해 얼마나 공감할 수 있는 능력을 갖추고 있는가? 공감은 협상의 시작이자 변화의 출발이라는 점을 우리는 분명히 알아야 한다.

2. 1분에 대한 하버드씽킹

전기자동차를 만드는 테슬라의 CEO 일론 머스크는 5분 단위로 시간을 관리한다고 한다. 그도 그럴 것이 그가 졸업한 펜실베이니아대 와튼스쿨에서는 시간 관리에 대한 수업에 많은 비중을 할애하고 있기 때문이다.

와튼스쿨에는 이런 이야기가 있다고 한다.

> "팁을 주는 이유는 종업원이 음식을 빨리 가져오게 하기 위해서이고 팁을 통해 타인보다 먼저 식사를 시작해 시간을 버는 것이다."

구글의 창업자인 래리 페이지, 마이크로소프트의 창업자인 빌 게이츠는 고등학교 시절부터 컴퓨터와 물아일체로 생활했다. 밤새 컴퓨터와 씨름하며 자신만의 실력을 키워나갔다. 그렇게 자신의 시간을 사용한 래리 페이지는 구글을, 빌 게이츠는 마이크로소프트를 만들고 성장시킬 수 있었다.

애플의 창업자인 스티브 잡스는 창고에서 애플을 창업했고, 현재 실리콘밸리의 많은 천재들도 창고에서 창업을 하고 있다. 그 이유는 자신의 1분을 소중히 생각하기 때문이다. 창고에서의 삶은 매우 단순해서 먹고 자는 시간 외에는 연구 개발에만 집중할 수 있다. 하고 싶은 것을 다 하면서는 한 분야의 최고가 될 수 없다고 세계의 지식인들은 입을 모아 말한다.

시간을 효율적으로 사용해야 한다고 말을 할 때의 '효율'은 총량적인 개념이다. 즉 양의 많고 적음에 따른 표현인데 모두에게 똑같이 주어진 24시간을 효율적으로 활용한다는 말은 곧 남들보다 더 많은 시간을 연구 개발에 힘쓴다는 뜻이 될 것이다. 반면 최적의 대안을 선택한다는 표현 속 '최적'에는 가치 평가가 들어간다. '가장 좋아하는 것'의 개념이 바로 최적이라고 할 수 있다. 효율과 최적이 늘 같은 필요는 없으며 시간을 보다 경제적으로 활용하려면 가장 효율적인 방법으로 시간을 사용하는 지혜가 필요하다.

와튼스쿨의 경영학 교수인 버트 브라우닝은 애초에 할 필요가 없는 일을 훌륭하게 해내는 것처럼 시간 낭비는 없다고 말한다. 브라우닝 교수는 자신의 조교에게 강의를 대신 맡기고 본인은 거의 강단에 서지 않는다고 한다. 브라우닝 교수는 타인의 역량을 빌려서 자신의 시간과 에너지를 두 배로 만드는 명확한 동기를 가지고 있었던 것 이다.

펜실베이니아대를 졸업한 워런 버핏은 이런 말을 하였다.

"가난한 자는 돈에 투자하지만 부자는 시간에 투자한다."
<워런 버핏>

우리는 효율을 높이고 최대의 효과를 내는 와튼스쿨의 시간 관리법을 참고하고 삶에 적용할 필요가 있다. '올바르게 일하기'는 효율을 강조하는 반면, '올바른 일 하기'는 효과를 강조한다. 효율을 강조한 측면

이 더 빠르게 목표를 향해 나아가게 만든다면, 효과를 강조한 측면은 더욱 굳건하게 목표를 향해 나아가게 만든다.

와튼스쿨은 항상 일을 시작하기 전에 '올바른 일을 하라'고 교육한다. 시간을 효율적으로 관리하는 것과 달리 효과를 강조해 더 굳은 의지를 갖게 만드는 것이다.

우리에게 주어진 체력은 각각 다르다. 하지만 모두에게 똑같이 하루 24시간은 주어진다. 와튼스쿨은 시간을 돈으로 계산해 가치를 평가할 수 있도록 교육한다. 당신의 1분은 얼마인지 곰곰이 생각하며 오늘 하루의 시간을 사용해야 할 것이다.

3. 비즈니스 미학에 대한 하버드씽킹

삼성전자에서 반도체를 다루던 사람들이 멸치를 다루게 된다면 어떻게 될까? 삼성전자 출신자들은 반도체 공정에 사용되는 기술을 이용해 멸치의 염도를 1/20 이하로 낮춰 세계 최초 저염 멸치를 만드는 데 성공했다. 반도체를 다루는 감각을 식품으로 확장 시킨 것이다. 알게 모르게 비즈니스에는 미학적 요소들이 많이 있다.

세계 최고의 럭셔리카인 롤스로이스(Rolls-Royce)는 차를 탈 때 나는 냄새가 자동차 판매 수익에 영향을 미친다는 사실을 알고 플라스틱 냄새 대신 나무 냄새를 모방한 향을 개발하여 차 내에 뿌리는 작업을 생산 과정에 포함시켰다. 후각적인 요소가 비즈니스에 큰 비중을 차지하고 있는 것이다.

우리는 애플의 아이폰이 다른 스마트폰보다 성능이 우수해서 구매하는 것이 아니다. 우리가 애플에 대한 충성도를 갖는 건 다른 브랜드에 비해 훨씬 매력 있고 기분 좋은 것으로 느끼기 때문일 것이다. 애플이 고집하는 '감성'이 소비자에게도 전달되는 것이다.

현대카드 역시 혜택으로만 따지면 다른 카드에 비해 훨씬 뒤떨어진다. 하지만 현대카드는 자신들의 카드를 소비자가 '갖고 싶은 제품'으로 만들었기에 카드 업계에서 빠르게 성장할 수 있었다. 카드의 혜택이라고 할 수 있는 스펙이 감각적 콘셉트 앞에서 와르르 무너져 버린 것이다.

스타벅스 또한 매장 내의 냄새가 수익에 적지 않은 영향을 준다는 사실을 알아냈다. 아침 샌드위치를 조리할 때 풍기는 냄새가 커피 향을 가려 손님이 기대하지 않는 냄새를 맡게 한 것이다. 스타벅스는 샌드위치 제조 방식을 새롭게 하여 이 문제를 해결할 수 있었다.

사람들의 감각을 사로잡고 있는 브랜드는 의외로 많다. 그 브랜드는 '설명할 수 없는 좋음'을 미학적으로 소비자에게 제공하고 있고, 이는 정량적으로 평가할 수 있는 스펙을 훨씬 뛰어넘고 있다. 여러 기업들이 재택근무를 워케이션(work + vacation)으로 진화·발전시키고 있다. 숲속에서 화상회의에 참석한다거나 제주도 게스트하우스에서 업무를 보기도 한다. 이 같은 워케이션은 다른 환경 속에서 더 나은 감각을 활용할 수 있게 한다.

하버드 경영대학원에서 '미학 비즈니스(The Business of Aesthetics)'를 강의한 폴린 브라운은 이런 말을 했다.

> "미학은 곧 지속성이다.
> 그리고 미학적 가치를 지닌 제품을 소비자는 지속적으로 사용하게 될 것이다."
> <폴린 브라운>

또한 하버드대 사회학과 교수인 로버트 K. 머튼은 감각을 중시한 미학의 중요성을 이렇게 말하였다.

"상대방을 기분 좋게 만드는 요소는 멋진 외모가 아니라 매력적인 언어다."

<로버트 K. 머튼>

당신은 뛰어난 사람이 되기 위해 스펙을 쌓고 있는가, 아니면 상대방을 기분 좋게 만들기 위해 매력적인 사람이 되려는 노력을 하고 있는가. 이 문제에 대해 곰곰이 생각해 볼 때다.

Summary

1. 공감은 디자인씽킹 과정에서 나오는 중요한 키워드다. 상대의 입장에서 생각하고 직접 발로 뛰며 실험하고 검증해야만 결과물을 얻어낼 수 있는 것이다.

2. 협상은 내가 원하는 욕구와 상대방의 욕구를 모두 충족시킬 수 있는 작품을 만들어 내는 것이다.

3. 공감은 협상의 시작이자 변화의 출발이라는 점을 기억하라.

4. 성공한 창업자들은 자신의 1분을 소중히 생각하며 일하고 있다.

5. 워렌 버핏은 말했다.
   "가난한 자는 돈에 투자하지만 부자는 시간에 투자한다."

6. 사람의 감각을 사로잡는 브랜드가 결국 성공한다. '설명할 수 없는 좋음'을 미학적으로 소비자에게 제공하면 정량적으로 평가할 수 있는 스펙을 뛰어넘을 수 있다.

7. 당신은 뛰어난 사람이 되고 싶은가, 아니면 매력적인 사람으로 오래 기억되고 싶은가?

하버드씽킹 리더십

1. 리더의 개념과 유형

조직이 어떤 성과나 업적을 달성했을 때나 큰 가치 창출을 통한 사회적 기여를 이뤘을 때 우리는 먼저 그 조직의 리더가 누구인지부터 관심을 갖게된다. 그도 그럴 것이 언론의 취재가 이루어져도 대부분 최고 리더나 부문별 리더 몇 명만 인터뷰하고 끝내는 경우가 많기 때문이다. 하지만 하버드대학교 경영대학원의 조사 결과에 따르면 CEO 교체가 회사 실적에 미치는 영향은 10~14% 정도밖에 되지 않는다고 한다. 리더에 의해 그 모든 성과가 나타났다고 결론짓기엔 다소 무리가 있는 수치이다.

하버드대학 케네디스쿨 조지프 나이(Joseph S. Nye Jr.) 학장은 조직의 성과가 리더 개인의 역량과 주변 맥락에 따라 좌지우지되며 그 비율이 어느 정도 되는지 살펴볼 필요가 있다고 말한다.

영국의 윈스턴 처칠은 1940년, 히틀러에 의해 절망에 빠진 영국 국민들을 지켜내겠다며 많은 지지를 얻었고 결국 영국의 리더인 총리 자리에 앉게 되었다. 하지만 히틀러가 죽은 후 윈스턴 처칠은 총리직에서 내려와야 했다. 이제 히틀러가 없으니 영국 국민들은 복지에 힘써줄 리더를 원하게 된 것이다.

2022년 발행된 하버드비즈니스리뷰에는 기업의 리더에게 요구되는 6가지 역할에 대한 아티클이 다음과 같이 나온다.

<기업의 리더에게 요구되는 6가지 역할>
- 전략적 실행자
- 기술에 정통한 인본주의자
- 청렴한 정치인
- 겸손한 영웅
- 세계적으로 생각하는 지역주의자
- 전통적 혁신가

매우 역설적인 이 내용은 2021년 세계 515명의 기업인을 대상으로 한 조사였으며, 당시 리더들이 이러한 역설적 역할에서 발생하는 긴장을 잘 관리하지 못한다고 응답했다.

그 점을 보완하는 리더십의 중요 3요소는 아래와 같다.

<리더십의 3요소>
- 리더의 특성
- 팔로워
- 맥락

리더 개인의 특성 못지않게 팔로워인 2인자의 중요성도 무시할 수 없으며 급변하는 상황의 변화인 맥락도 집중해서 고찰해야 한다.

하버드대학 케네디스쿨 조지프 나이 학장은 리더십의 유형을 변혁적 리더와 거래적 리더의 두 가지 유형으로 정의한 바 있다. 사람들은 각자 다른 리더십의 유형을 만들어 내려고 하지만 그 유형은 이 두 가지 중 하나에 속한다는 것이다.

변혁적 리더는 커다란 변화를 만들어내고, 맥락에 영향을 미치며 주어진 맥락을 있는 그대로 받아들이려 하지 않고 맥락 자체를 바꾸기도 한다. 거래적 리더는 처한 상황의 맥락을 받아들이며 주어진 맥락 내에서 최선을 다하려고 노력한다.

우리는 그동안 가지고 있던 리더십에 대한 고정관념에 주의할 필요가 있다. 덩치가 크고 카리스마가 있는 사람이나 유전자, 성별 등에 의한 고정관념으로 리더십을 설명하지 못한다는 것이다.

2. 리더십, 그 권력의 주인

리더에게는 권력이 있다. 권력을 부여받지 못하면 리더가 될 수 없다. 우리는 권력을 구사할 때 하드파워와 소프트파워의 두 가지 방법 중 하나를 선택할 수 있다.

하드파워는 당근과 채찍으로 설명할 수 있는 강제와 위협, 대가 지불 등의 강제적 방법이다. 하드파워를 구사할 때는 시간이 짧게 걸리는 동시에 상대방의 생각은 전혀 고려되지 않는다. 만약 돈을 빼앗는 경우를 예로 들면, 하드파워는 상대방을 총으로 쏴 죽이고 돈을 가져가면 그만이다.

소프트파워는 수직적 위계질서보다 수평적 네트워크를 중시하는데 하드파워와는 다르게 그 선택권이 리더를 따르는 팔로워에게 있다는 점이다. 돈을 빼앗는 경우를 다시 예로 들면, 상대방이 나에게 자발적으로 돈을 줄 수 있도록 설득을 하는 것이다. 여기에는 긴 시간이 필요하며, 강압적인 힘보다 매력이 더욱 중요한 요소로 작용한다. 기업의 구성원들이 자발적으로 회사를 위해 일하게 만드는 동기는 하드파워보다 소프트파워에서 더 강하게 유발되는 것이다.

펜실베이니아대학교 와튼스쿨에서 협상학을 강의하는 모리 타헤리포어 교수는 하드파워보다 소프트파워를 더욱 강조하는데, 모리 교수가 설명하는 마음을 움직이는 6가지 내용은 다음과 같다.

<마음을 움직이는 6가지>
- 열린 태도의 힘
- 공감의 힘
- 지금 여기에 집중하는 힘
- 풍족함의 가정
- 자신의 강점을 신뢰
- 타인과의 접점 찾기

모리 교수는 관점에 대한 점검과 공감의 수위 조절 등이 마음을 움직이는 중요 요소라 설명하며 타인의 경험을 이해하는 소프트파워를 강조했다.

하버드대학 케네디스쿨 조지프 나이 학장은 수평적 네트워크의 현대사회에서는 하드파워와 소프트파워 둘 다 중요하지만 따르는 팔로워가 없으면 리더가 될 수 없으며 팔로워들에게도 권력이 존재한다는 점을 명심해야 한다고 말한다. 또한 팔로워에게 더 많은 선택권을 주는 소프트파워가 하드파워만 사용했을 때 보다 더 효율적인 결과를 얻을 수 있기에 자발적으로 따르는 팔로워를 얻어야 한다고 강조한다.

모든 사람의 지식수준이 업그레이드 되어 가고 있는 21세기 정보화 시대에서는 무조건적인 행동을 요구하는 하드파워와 행동의 근거가 따르는 소프트파워를 적절히 결합한 스마트 파워가 더 절실히 요구된다.

우리에게는 권력을 스마트하게 발휘할 수 있는 플랫폼이 필요하다. 다양한 상황과 맥락이 스마트파워로 구현될 수 있도록 효율적으로 디자인된 플랫폼이 우리 안에 탑재되어 있어야 한다. 권력에 대한 플랫폼은 직접 디자인해야 하지만 이미 무의식중에 완성되어 있을지도 모른다.

우리는 타인과의 커뮤니케이션에서 하드파워를 주로 사용하는지 아니면 소프트파워를 사용하는지 점검해 볼 필요가 있다. 이 둘을 적절히 잘 섞어 효율적인 스마트 파워를 발휘한다면 권력의 주인인 리더의 명예는 더 높아지고 팔로워의 업무능력은 자발적으로 향상되는 선순환의 결과를 얻게 될 수 있다.

3. 리더십의 기술

지능지수인 IQ에 따라 성공할 확률이 비례하는 경우는 20% 정도밖에 되지 않는다고 한다. 우리가 흔히 EQ라고 부르는 정서지능이 존재하는데 여기에는 자신의 감정을 다스리는 능력과 자신을 타인과 연결하는 능력의 두 가지 요소가 포함되어 있다.

하버드대학 케네디스쿨 조지프 나이 학장은 리더십의 6가지 기술 중 정서지능, 비전, 소통의 3가지가 소프트 파워 영역에 해당된다고 한다.

미국의 루즈벨트 대통령은 IQ가 높지 않았던 반면, 사람의 마음을 끌어당기고 내 편으로 만드는 능력이 있었기에 미국의 영웅으로 추앙받을 수 있었다. 반면 IQ가 높았던 닉슨 대통령은 항상 불안에 시달렸으며 정서적인 문제 때문에 불안한 증세를 보였고 이 때문에 사람들에게 편안하게 다가가거나 호감을 얻지는 못했다.

타인에게 영감을 주며 의미 있는 미래상을 제시하는 것을 비전이라 할 수 있는데 이를 통해 상대방이 자발적으로 행동에 동참할 수 있도록 하는 것이 중요하다.

미국의 부자(父子) 대통령인 부시 대통령의 경우를 보면 아버지 부시인 조지 H.W.부시는 비전 제시에 관심이 없었고 이로 인해 사람들에게 영감을 주지 못했다. 그에 반해 아들 부시는 이라크에 민주주의 시대를 열겠다며 확실한 비전을 제시하고 이라크를 침공했지만 실패했다. 결과적으로 현실성이 없는 비전을 제시한 아들 부시에 비해 아무런 비전을 제시하지 못한 아버지 부시가 더 성공한 리더로 기억되는 것이다.

마틴 루터 킹이나 처칠은 연설을 아주 잘하는 소통가이자 리더였다. 반면 마하트마 간디의 연설은 기술력이 떨어져 좋은 평가를 받지 못했는데, 소금세에 반대한 소금 행진과 같은 비언어적 소통을 진행하여 대중들과의 소통을 이루어냈다.

하버드 조지프 나이 학장은 조직 관리와 마키아벨리 전략이 하드파워에 포함된다고 말한다. 조지 H.W.부시는 조직 관리에 능해 여러 기관의 의견을 청취할 수 있도록 모든 정보가 자신에게 바로 전달될 수 있게 조직을 효율적으로 구성해 다양한 관점의 정보를 한 번에 얻을 수 있었다. 반면 아들 부시는 부통령을 통해 필터링된 편향된 정보 수집만을 추구하여 여러 문제를 일으켰다.

마키아벨리 전략은 상대의 강점과 약점의 모든 요소를 파악한 뒤 그 정보를 적절하게 사용해 반드시 상대가 나를 따를 수밖에 없도록 만드는걸 뜻한다. 이런 하드파워와 소프트파워를 적절히 결합하면 스마트파워를 발휘할 수 있게 되는데 미국의 존슨 대통령이 바로 스마트파워를 발휘한 인물이다. 그는 강압적인 동시에 설득을 잘하고 비전 제시에도 능한 리더였으며 장기적인 전략에 맞춰 전술을 조정하는 직관적인 판단 능력이 좋았다.

각 조직은 조직별로 갖는 맥락이 서로 다르다. 이를 이해하고 가장 적합한 전략을 취해 조직의 성장과 성공을 이끌어내는 것이 훌륭한 리더가 갖춰야 할 덕목이라 할 수 있다.

하드파워와 소프트파워, 그 둘을 적절히 활용하여 효율성을 갖춘 리더의 모습을 갖추길 바란다.

4. 리더의 감정관리

리더가 되기 위해서는 감정관리가 필요하다. 하버드 교수이자 유명 심리학자인 다니엘 골먼은 저서 〈감성지능 EQ〉를 통해 자기감정을 잘 다스리는 것이 성공적인 삶을 사는 데 큰 영향을 미친다고 전한 바 있다.

그는 성공의 과정에서 20%의 IQ와 80%의 EQ가 필요하다고 말하며 불안과 스트레스에서 벗어나는 것이 성공에 더 가까이 다가서는 것임을 강조했다.

하버드대학에서 EQ와 관련된 교육을 담당하는 한 교수는 사람의 의지가 신념, 믿음, 꾸준함, 인내심의 네 가지 요소로 이루어져 있다고 말한다. 뒤이어 강한 의지를 기르는 습관 4가지에 대해서도 강의를 통해 설명한다.

<강한 의지를 기르는 습관 4가지>
- 먼저 자기암시를 통해 의지를 길러야 한다고 말한다. 성공은 자기암시에서부터 비롯되는 경우가 많은데, 반드시 성공할 것이라고 믿고 행동해야 비로소 성공에 이를 수 있다는 것이다.
- 늘 적극적이고 진취적인 자세를 갖음으로 의지를 더욱 굳건하게 다듬는 모습이다. 적극적인 마음가짐을 잃지 않는다면 잠재된 능력을 끌어올리는 데 더욱 유리한 컨디션을 유지하게 된다.

- 스스로와 소통하는 방법을 익히는 것이다. 여기에서 유의할 점은 자기반성의 태도를 갖고 소통해야 한다는 점이다. 평소에 자기 자신을 자주 돌아보고 단점이 무엇인지를 찾아낸 뒤 이를 긍정적 에너지, 적극적인 태도로 고쳐서 더욱 강하고 탄탄한 의지를 기르는 데 기여해야 한다.
- 자기 자신에게 끊임없이 칭찬하는 모습을 통해 잠재력을 일깨우는 것이다. 의지가 약한 사람은 작은 실수나 실패에도 금방 자신에게 실망하고 스스로의 능력을 별 볼 일 없다고 단정 지어 버리는 경우가 많다.

이런 소극적인 태도를 버리고 의지를 기를 수 있도록 스스로 용기를 북돋아 줄 필요가 있다. 그럼 작은 실수나 실패가 좌절로 치부되는 것이 아닌 성공으로 가는 큰길로 변하게 될 것이다.

벤자민 프랭클린(Benjamin Franklin)은 분노에 관하여 이런 말을 남겼다.

"모든 분노에는 다 저마다의 이유가 있겠지만, 좋은 이유는 단 하나도 없다."
<벤자민 프랭클린>

분노는 마치 우리 몸에 들어있는 폭탄과도 같은 것이다. 리더의 감정관리는 조직의 분위기와 성격을 결정짓는데 중요한 요소가 될 수 있다.

하버드대에서 6개월간 진행한 조사에 의하면 하버드 학생 중 80% 가량의 학생이 우울증을 겪었고, 47%는 멘탈붕괴 그 직전까지 갔으며 94%는 학업 부담에 숨쉬기조차 힘든 경험을 했다고 밝힌 바 있다.

이는 부정적 감정이 하버드대학생들에게 작용하고 있다는 것인데, 이때 감정관리에 실패하면 졸업한 뒤 훌륭한 리더로 성장 하는데 걸림돌이 된다.

우리가 일반적으로 생각하는 우수한 모습의 하버드대학생들은 지능도 뛰어나지만 이처럼 학업 과정에서 발생하는 다양한 모습의 감정적 위기도 이겨낸 승리자들이다. 하버드씽킹은 단순히 탁월한 식견이나 우수한 정보로만 이루어진 것이 아님을 기억할 필요가 있다.

Summary

1. 조직의 성과가 전부 리더의 몫이라고 생각하는 고정관념에서 벗어나자.

2. 요즘 리더에게 필요한 3가지 요소
   - 하나, **리더의 특성**
   - 둘, **팔로워 (2인자)**
   - 셋, **맥락**

3. 따르는 사람인 팔로워가 없으면 리더가 될 수 없으며, 그들에게도 권력이 존재한다는 점을 명심해야 한다.

4. 미국의 루즈벨트 대통령은 사람 마음을 끌어당기는 능력이 있었기에 미국의 영웅으로 추앙받을 수 있었다.

5. 마키아벨리 전략은 상대의 강점과 약점을 모두 파악한 뒤 그 정보를 적절하게 사용해 상대가 나를 따를 수밖에 없도록 만드는걸 뜻한다.

6. 자기감정을 잘 다스리는 것이 성공적인 삶과 리더에게 필요한 중요한 덕목이다.

7. 하버드대학생들은 지능도 뛰어나지만 학업 과정에서 발생하는 감정적 위기도 이겨낸 승리자들이다.

하버드씽킹 스타트업 I

1. 4주 안에 하버드생의 마인드 가지기

우리는 그동안 하버드씽킹을 위한 다양한 방법론과 플랫폼에 대해 알아보았다. 하버드씽킹을 위해선 먼저 자신의 위치와 역량을 파악해야 하고 그다음 적절한 플랫폼을 선택하여 속도를 높여야 한다. 그래야 나 자신의 퍼스널 브랜드가 완성되고 그를 통해 '나'라고 하는 스타트업을 운영할 수 있게 된다.

여기서는 하버드라는 공간 건축을 플랫폼으로 삼아 4주 이내에 하버드씽킹으로 하버드생의 마인드를 가질 수 있는 프로세스를 다루기로 한다.

1) 1주 차 : 하버드생이 되기 위한 생각 정리 (땅 고르기)

1주 차 때는 하버드라는 공간을 어디에 건축할 것인지 먼저 입지 분석을 해야 한다. 내가 가장 경쟁력이 있고 해당 분야를 선도할 수 있는 충분한 역량을 갖춘 데가 어디인지를 먼저 생각해 볼 필요가 있다. 이 과정은 아이템 선정과 함께 이루어진다. 그다음에 매체를 선택한 뒤 입지를 결정하면 된다. 교육, 글쓰기, 노래 부르기, 음식 만들기 등등 남들과 비교해서 내가 더 뛰어난 성과를 발휘할 수 있는 분야는 많다. 다만 해당 분야의 탑 클래스와 나를 비교할 필요는 없다. 그저 주변 사람들에 비해 내가 좀 더 잘 할 수 있다거나 잘한다는 칭찬을 들은 기억이 있기만 하면 된다.

그렇게 아이템을 선정하고 나면 가장 최적의 실력 발휘를 할 수 있는 입지를 알아본다. 유튜브, 블로그, 인스타그램 등등 SNS 중 나와 가장 맞는 곳이 어딘지를 깊게 생각해보면 된다. SNS가 아니라 필자처럼 신문 지면 칼럼을 통해 자신을 알리고 싶다면 그런 방법을 생각해봐도 된다. 이렇게 고민하고 분석하는 과정이 아이템 선정 이후의 필요한 단계이다.

아이템 선정과 입지 분석이 끝났으면 이제 입지를 결정해야 한다. SNS 중에서 입지 결정을 할 것이라면 인스타그램, 유튜브 등등 내가 가장 익숙하게 잘 다룰 수 있는 미디어를 선택한다.

'일간 이슬아'의 이슬아 작가는 E-mail로 입지를 결정하여 독자들과 활발한 교류를 진행하고 있고, 복주환 작가는 '생각정리'라는 아이템을 독점한 뒤 책을 펴내는 방식으로 입지를 결정했다. 그를 통해 많은 강연을 다니는 등 빠른 시간에 스타덤에 오를 수 있었다.

2) 2주 차 : 하버드 공간 건축 허가받기 (건폐율)

건폐율이란 내가 가진 땅에서 몇 %의 면적을 공간 건축에 사용할 수 있는지에 대한 비율이다. 예를 들어 인스타그램으로 입지를 결정하고 글쓰기를 아이템으로 선정했다고 하자. 건폐율을 60%로 설정하고 하버드 공간을 건축할 경우, 하버드로부터 전달되는 정보를 60%, 내 관점과 생각을 40%로 융합하여 공간을 구성하면 된다.

여기서 중요한 점은 여러 도서와 칼럼, 그리고 유튜브를 비롯해 인터넷에 흩어져있는 하버드 교수의 강의와 명언 중 어떠한 내용을 내 건축 면적 안에 가져올 것인가를 기획하는 것이 중요하다.

이 과정은 일종의 큐레이션이라 볼 수 있는데, 주로 "(하버드 정보 수집 + 분류) X 내 관점"의 식으로 이해할 수 있다.

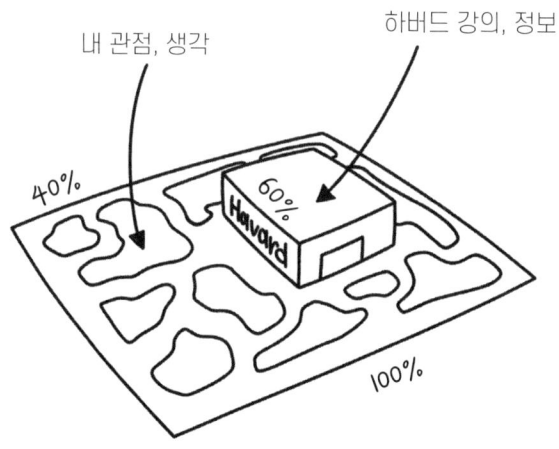

3) 3주 차 : 하버드 공간 건축하기 (용적률)

내가 영감을 받고 싶은 분야의 하버드 교수가 있을 것이다. 그 교수의 트위터, 인스타그램, 페이스북 등 관계 맺을 수 있는 SNS를 찾아내 그 사람의 생각과 말들을 실시간으로 보면서 영향을 받는다.

하버드라는 공간 플랫폼에 하버드 교수를 슈퍼 히어로(Super Hero)로 설정한 뒤 선택과 집중을 펼치는 것이다. 만약 트위터에서 하버드 교수가 던지는 한마디 말(멘션)이 있었다면 그 내용에 대해 다양한 방향성의 실행과 연구를 진행해보는 것이다. 그 내용에 대한 깊은 고찰을 통해 생각의 폭을 넓히는 것도 한 방법이다.

이런 활동을 통해 실제 하버드 대학의 교수 밑에서 연구를 하거나 교육을 받는 학생에 대한 간접 체험을 할 수 있으며 하버드씽킹의 영향권 내에 들어갈 수 있다.

4) 4주 차 : 하버드 공간 오픈하기

4주 차 때는 그동안 노력해서 내가 만들어온 하버드라는 공간을 오픈하면 된다. '나'라는 공간이 어떤 공간인지 명확히 하기 위해 아이템 선정과 입지를 다시 한번 점검하고, 동일한 콘셉트의 말과 행동을 할 수 있는지 스스로를 돌아봐야 한다.

하버드의 영향을 받게 되면 하버드씽킹을 할 수 있다. 그것이 하버드씽킹의 본질이다. 여기에 더해 본인만의 깊은 고찰을 이어 나간다면 '나'라는 공간은 곧 하버드씽킹 그 자체가 될 수 있다. 그렇게 되면 내가 하는 말에 신뢰도가 높아지고, 나를 대하는 주변 환경과 여건들이 사뭇 달라지는 걸 느낄 수 있을 것이다.

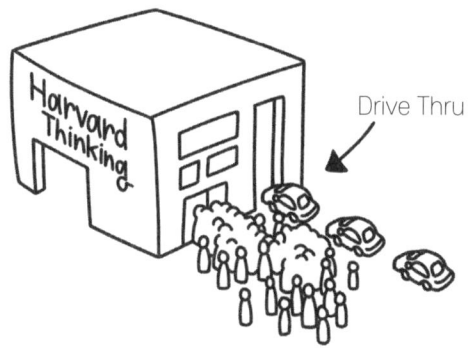

2. 하버드씽킹 퍼스널브랜딩

"나는 창조한다. 고로 존재한다."
<니콜라스 로저스>

얼핏 들으면 데카르트의 철학을 패러디한 누군가의 말처럼 들리겠지만 이는 하버드대 경영대학원 니콜라스 로저스 교수가 한 말이다. 우리의 뇌는 매일 잠에서 깨어나는 동시에 새로운 생각들을 발산하며 몸을 움직인다.

우리는 일상을 살면서 매일 어떤 브랜드와 마주한다. 출근을 위해 탑승하는 승용차에서 자동차 브랜드와 마주하고, 편의점에서는 식품 브랜드와 마주하게 되고, 지금 손에 쥐고 있는 스마트폰 역시 저마다의 브랜드가 있다. 우리는 각자 자기 자신이 브랜드라는 사실을 잘 모른다. 브랜드를 선택할 줄만 알았지 내가 브랜드로서 누군가에게 선택되게 되거나 선택받지 못하게 되는 사실은 인지하지 못하는 것이다.

회사에서 새로운 직원을 뽑는 면접 상황을 예로 들면 회사는 지원자의 가치를 가늠하며 브랜드로써 평가한 뒤 그를 뽑는다. 사적인 자리에서도 마찬가지다. 저마다 브랜드가 있고 그 가치를 드러내며 우리는 살고 있다. 자기 자신을 브랜드로 인식하게 되면 브랜드 성장을 위한 모멘텀을 구하게 되고 이는 브랜드의 가치로 반영된다.

브랜드의 가치를 단편적으로 구하는 공식은 간단하다. 특정한 브랜드를 두고 그 브랜드가 세상에 존재하지 않는다면 어떻게 될지를 생각해보면 된다. 우리나라만 예를 들어도 만약 '삼성'이라는 브랜드가 세상에 없다면? '네이버'가 없다면? 이런 식으로 브랜드가 존재하지 않는다고 가정했을 때 삶이 얼만큼 불편해질 것인가를 가늠하는 것이다.

마찬가지로 '나'라는 브랜드가 세상에 존재하지 않는다고 하면 어떤 일이 벌어질까를 예상해보며 세상에 꼭 필요한 존재가 되기 위해서 해야 할 일들을 생각한다. 이런 가정을 시작으로 내가 잘 할 수 있는 일에 대해 가중치를 부여하고 내가 없으면 안 될 가치를 창출하자.

로렌스 서머스 전 하버드대학 총장은 자신감에 대해 이런 말을 하였다.

"자신감은 보잘것없는 무엇을 위대한 것으로, 평범함을 탁월함으로 바꾼다."
<로렌스 서머스>

하버드씽킹은 현재 드러난 자신의 능력에 대한 자만심이 아닌 잠재된 가치 실현에 대한 기대와 자신감으로부터 출발한다.

3. 하버드씽킹 비즈니스 브랜딩

브랜드는 그 자체가 하나의 생명체와 같다. 하버드씽킹을 하려는 우리는 그 자체로 남들과 구별되는 분명한 콘셉트를 가지게 됐다. 각자가 가지고 있는 특성을 살려 하버드의 전문지식을 담은 새로운 관점의 캐릭터를 창출한다면 그 누구보다 강력한 경쟁력을 갖게 될 것이다.

우리가 시도하려는 하버드씽킹을 하나의 브랜드이자 인격을 가진 사람으로 인식하고 나의 캐릭터에 심어보자. 사람이 사회 안에서 존재하고 생활하면서 사람과의 관계가 형성되듯 브랜드도 자신의 정체성을 갖고 누군가에게 자신의 가치와 의미를 전달하게 되는데 하버드씽킹을 커뮤니케이션 주체로 적극 활용되게끔 하면 많은 도움을 받을 수 있다.

하버드씽킹은 나 혼자 간직하는 것이 아니다. 내가 갖춘 플랫폼 안에서 하버드 방식으로 사고하고 다시 그 모습으로 타인과 교류하며 나 자신의 가치를 증진 시키는 과정이다. 훌륭한 브랜드는 다른 것으로 대체할 수 없는 어떤 지점이 명확히 있어야 한다. 우리 역시 마찬가지다. 우리가 사람들과 관계를 맺고 사회 속에서 생활하며 살아갈 때 대체할 수 없는 우리만의 가치가 있어야 한다.

1932년 창업한 세계 최고의 장난감 회사인 레고는 1990년대가 되자 비디오 게임의 여파로 매출이 곤두박질치게 되었다. 위기에서 벗어나고자 레고가 집중한 것은 매출이 아니라 레고를 사용할 때 즐거움을 느끼는 '아이들'이었다. 아이들은 쉬운 레고를 조립할 때보다 오랜 시간 동안 어려운 레고를 조립하고 큰 즐거움을 느끼는 것을 확인했다. 인사이트를 얻은 레고는 더 어려운 제품을 만들어 더 근사한 모습의 완성품이 나오도록 제품을 디자인했고 회사는 다시 일어설 수 있었다.

하버드대 졸업생이자 미국의 저명한 시인인 랄프 왈도 에머슨은 이런 말을 남겼다.

"어떤 인물이 될지는 당신 자신만이 결정할 수 있다."
<랄프 왈도 에머슨>

타성에 젖어 자기 계발을 잊고 사는 사람들은 미래의 자기 모습에 대한 결정권을 그저 환경의 변화에 내어주고 사는 것과 다를 바 없다.

레고는 회사에 다가온 위기를 슬기롭게 대처하고 극복해냈다. 위기 앞에서 브랜드의 정체성이 흔들린 것이 아니라 더욱 굳건한 브랜딩을 이루어 낸 것이다.

반면 변해가는 환경과 상황에 맞게 자사의 주력 아이템을 변형시켜 나가는 사례도 있는데 담배 '말보루'로 유명한 한국필립모리스의 이야기이다. 글로벌 담배 시장 1위 기업인 필립모리스는 불을 붙여 태우는 일반 담배 시대의 종식을 위해 10여 년 전부터 10조 원 가까이 투자를 이어오는 등의 노력을 이어오고 있다. 담배 연기 없는 세상을 담배 판매 1위 기업이 꿈꾸고 있는 것이다.

인체 유해 성분이 상대적으로 적은 전자담배를 일반화시켜 10~15년 이내에 일반 담배를 대체하겠다는 계획이다. 실제로 앙드레 칼란드조풀로스 필립모리스 인터네셔널 회장은 10~15년 이내에 많은 국가에서 일반 담배가 완전히 사라질 것이라고 말한 바 있다.

ESG 경영에 대한 책임 의식이 가중되고 있는 시대적 흐름에 맞춰 '담배'의 정체성은 유지한 채 방법론을 달리 가져오는 모습이라 할 수 있다.

"최선을 다한다고 해서 반드시 보상이 있는 것은 아니다.
중요한 것은 무엇을 선택했느냐가 중요하다.
무언가를 선택하면 당신은 무언가를 얻게 된다.
하지만 아무것도 선택하지 않으면 결국 아무도 당신을 선택하지 않을 것이다."
<하버드대학 교수 존 알러스>

우리는 매일매일 브랜드를 마주하고 그 브랜드를 선택하며 삶을 살아간다. 우리 자신이 선택받을 수 있는 브랜드임을 잊지 말고 매 순간 자기 분야에서 최선을 다하자. 가장 중요한 브랜드의 정체성을 유지하면서 말이다.

Summary

1. 허버드씽킹 플랫폼을 이해하면 4주 안에 하버드생이 될 수 있는 프로세스를 경험할 수 있다.

2. 하버드라는 공간을 어디에 건축할 것인지 입지 분석을 시작하라. 내가 가장 경쟁력이 있고 선도할 수 있는 분야면 좋다.

3. '일간 이슬아'의 이슬아 작가는 E-mail로 입지를 결정하여 작가로서 성공을 거두었다.

4. 공간을 정했으면 일정 퍼센티지를 정하고 하버드의 정보와 나의 정보를 섞는 콜라보레이션을 진행할 수 있다.

5. 하버드 교수 중 영감을 받고 싶은 사람을 팔로우해 그 사람의 지식을 습득하라.

6. 하버드의 영향을 받게 되면 자연스레 하버드씽킹을 할 수 있다.

7. 브랜드의 가치를 구하는 공식은 간단하다. 그 브랜드가 사라지면 어떻게 될지 생각해 보는 것이다.

8. 하버드씽킹은 자신의 능력에 대한 자만심이 아닌 잠재된 가치 실현에 대한 자신감으로부터 출발한다.

9. 타성에 젖어 자기 계발을 잊고 사는 사람들은 자신의 미래를 결정할 수 없다.

하버드씽킹 스타트업 II

1. 스타트업의 성장에 대한 하버드씽킹

명품을 구매하는 행위가 지구를 살리는 길이라는 생각을 해본 적이 있는가?

2021년 발행된 하버드비즈니스리뷰에 따르면 패션산업이 전 세계 탄소 배출량의 10%를, 전 세계 폐수의 20%를 차지한다는 놀라운 결과를 볼 수 있다. 패스트 패션 산업이 유행하면서 이러한 환경문제는 더욱 심각해지고 있는 상황이다. 하지만 명품을 구매한 소비자의 이야기는 다르다. 소비자들은 명품을 더 오래 보관했고, 다 쓴 물건을 버리지 않았으며 대부분 재판매하는 모습을 보였다. 명품을 구매하는 행위가 지구를 생각하는 결과를 초래한 것이다. ESG 경영은 명품브랜드가 하고 있는 것 아닐까?

ESG에 대한 관심이 뜨겁다. 하지만 ESG라는 말이 생기기도 전인 1970년대에 포스코는 환경, 사회적 책임, 그리고 투명 경영의 ESG 요소를 갖추며 출발했고 그렇게 운영했다. 실제로 포항과 광양제철소에는 나무가 700만 그루 가까이 심어져 있다.

전문가들은 포스코가 이윤보다는 국가 이익에 부합하는 기업 경영을 최우선 목표로 삼아 기적과 같은 업적을 이뤄냈다고 평가한다. 포스코의 선택과 집중은 포스코가 지은 학교인 포스텍을 당시 아시아 최고의 공과대학으로 성장하게 하는 등 놀라운 성과를 보였다.

포스코를 창업한 박태준 회장은 25년간 CEO로 재임하면서 포스코의 주식은 단 한 주도 갖지 않는 등 청렴한 경영을 펼쳤다. CEO의 의지가 기업의 경영 스타일에 많은 기여를 한 것이다. 데스크탑 컴퓨터를 제조하던 IBM은 CEO가 교체되자 솔루션 기업으로 거듭났고, 쿼티 키보드와 화려한 디자인으로 주목받던 블랙베리는 존 첸 CEO가 부임하면서 사이버보안 분야의 리더로 자리매김 할 수 있었다. 잘 나가던 회사가 CEO의 교체로 인해 주력 사업을 버리고 새로운 사업에 도전하더니 마치 스타트업처럼 빠르게 성장한 것이다.

숙박 어플 '여기어때'의 경우는 정명훈 대표로 CEO가 교체된 이후 집 밖에 있는 다양한 놀거리를 쉽고 저렴하게 제공하는 넓은 범위의 여가 관련 서비스로 탈바꿈했다. 여기어때는 넷플릭스나 배달의민족과 같이 사람들을 집에 머물게 하는 서비스가 자신들의 경쟁상대라고 말하며 밖으로 나갈 것을 강조했다.

한 조사에 따르면 스타트업으로 이직을 결심하는 가장 큰 이유는 다양한 업무 기회에 대한 기대감이 가장 높은 것으로 나타났다. 또한 회사의 성장 가능성에 대한 기대가 연봉과 같은 금전적 보상보다 더 높은 것으로 조사되었다.

대기업이 성과를 추구한다고 하면 스타트업은 성장을 추구한다. 성과관리에 집중하는 대기업과 달리 스타트업은 속도를 강조한다. 스타트업의 CEO는 대기업의 CEO와는 달리 고강도의 리스크를 등에 짊어지고 전진한다. 게다가 빠른 판단과 실행력까지 겸비해야 하며 스트레스 내성과 멘탈 관리까지 요구된다.

현존하는 대기업도 처음에는 모두 스타트업이었다. 스타트업 내의 리더십과 팔로어십이 균형을 맞추며 발전해나갈 때 스타트업은 성장하고 큰 기업이 되어가는 것이다.

하버드대 명예박사인 빌 게이츠는 기업이 빠르게 발전하려면 반드시 좋은 인재, 특히 똑똑한 인재가 필요하다고 말하며 CEO의 중요성을 강조했다. 또한 하버드 경영대학원 교수인 대니얼 밀스는 협동형 조직을 만들어야 인력자원의 최대 효익을 발생시킬 수 있다고 말하며 조직력 강화를 더욱 강조했다.

2. 창업의 포지션에 대한 하버드씽킹

　마이크로소프트의 창업자인 빌 게이츠는 대학을 자퇴했다. 최종학력에 학사학위도 없는 상태로 거대 기업인 마이크로소프트를 창업한 것이다. 페이스북을 서비스하는 메타의 창업자인 마크 저커버그 역시 학사학위가 없다. DELL 테크놀로지의 마이클 델 창업자도 대학을 1년 만에 자퇴했고, 왓츠앱과 스냅챗의 창업자도 모두 학사학위를 포기하고 대학을 자퇴했다. 소스 코드 관리 플랫폼 깃허브를 창업한 크리스 원스트래스는 신시내티대학교를 자퇴하며 학위보다는 기량이 필요하다는 생각을 했다고 한다. 영문학을 공부했던 원스트래스는 독학으로 프로그래밍을 연마해 깃허브를 창업했고, 이 회사는 75억 달러에 마이크로소프트에 인수되었다.

　이쯤 되면 창업자의 학력보다 창의적 기량이 더욱 중요한 것 아닌가 하는 생각이 든다. 더욱 혁신적이고 진보적인 아이템을 세상에 내놓는 데 필요한 것은 기량이지 창업자의 이력서가 아니라는 말이다.

　일론 머스크가 창업한 테슬라는 우리나라에 통신 사업자로 등록되어 있다. 테슬라는 자동차를 만드는 것 같지만 사실 그 자동차는 바퀴 달린 스마트폰처럼 센서로 무장되어 우리 일상에 깊게 침투해 있다.

　테슬라는 운전자가 운전을 하면서 어떤 커피를 마시는지, 차 안에서 화장을 할 때 어떤 화장품을 쓰는지 이미 파악하고 있다. 그래서 충전소에 도착하기 전에 근처 커피전문점의 정보가 뜨고 맞춤형 화장품을 준비해준다. 일론 머스크가 창업한 테슬라에 의해 비즈니스의 경계가 완전히 무너진 것이다.

자동차를 만드는 회사는 제조업에 기반한 회사라는 생각을 했지만, 테슬라의 경우는 제조업이 아닌 테크기업에 더 가깝다. 그리고 그 IT기술은 다른 분야의 영역까지 섭렵하는 구조화된 모습을 보이고 있다. 이처럼 창업자의 창의적 기량은 기업을 설립하는 것이 아니라 하나의 플랫폼을 완성하기도 한다.

무선 청소기로 유명한 기업인 다이슨의 엔지니어들은 일상생활 용품들이 제대로 작동하지 않을 때 생기는 불만에서 포인트를 잡아 연구를 시작한다. 그들은 더 나은 방법을 고민하여 제대로 작동하는 제품을 발명해 시장에 출시한다.

다이슨은 헤어드라이어, 공기청정기, 스탠드 조명, 가습기 등 다양한 프리미엄 제품군을 보유하고 있다. 심지어는 가전업계의 애플이라는 수식어까지 얻었을 정도다.

다이슨은 1993년 영국 바스 근처 작은 차고에서 창업했다. 다이슨이 있기 전까지 진공청소기는 모두 먼지봉투를 안에 넣는 방식으로 작동했는데, 이게 흡입력을 약화시키는 요인이라는 걸 창업자인 다이슨은 발견했다. 곧이어 세계 최초로 먼지봉투 없는 진공청소기 DC01을 개발하면서 본격적인 사업이 시작되었다. 목표시장을 정확하게 파고든 것이다. 하버드 경영대학원의 마이클 포터 교수는 제대로 조준하지 않은 사격은 의미가 없다고 말했다. 즉 다이슨처럼 정확한 조준점을 가지고 창업을 해야 한다는 걸 뜻한다.

우리나라에는 카카오, 네이버와 같은 플랫폼 기업들이 있지만 팜모닝이라는 농업 플랫폼도 있다. 농업이라는 시장에도 적절한 포지셔닝이 이루어지고 있는 것이다.

창업에 대한 편견을 버리자. 그리고 명확한 조준점을 가지고 뛰어들면 다이슨이나 네이버와 같은 기업이 우리 손에서 탄생할 것이다.

3. 브랜딩에 대한 하버드씽킹

'싸가지 없는 점주로 남으리'라는 책을 쓴 편의점 사장이 있다. 경기도 성남에서 GS25를 운영하는 박규옥 씨의 이야기이다. 특이한 점은 그녀가 문예학 박사학위를 보유하고 있다는 것이다. 그는 자기 자신을 어떻게 디자인한 것일까?

편의점 창업은 별다른 전문지식 없이도 자본만 있다면 할 수 있다. 하지만 고려대 국문과를 졸업하고 중국에서 문예학 박사학위까지 받은 사람이 자신의 전문성을 포기하고 편의점 창업에 뛰어든다는 건 어찌 보면 무모한 듯한 느낌이 든다. 하지만 그녀는 책상 앞에 앉는 것보다 육체노동이 자신의 기분을 더 좋게 만들었다며 창업의 이유를 밝혔다. 서비스업이기에 지나치게 친절해야 한다는 강박에서 벗어나기 위해 노력했다는 그녀는 평생 바코드 찍는 아줌마로 살고 싶다는 말을 했다. 명확한 퍼스널 브랜딩이 이루어진 것이다.

신비주의가 통하지 않는 시대가 되었다. 브랜드는 이제 고객과 긴밀히 소통하며 솔직한 브랜딩을 추구한다. 라인프렌즈 출신 기획자들과 디자이너들이 회사를 나와 유튜브 채널을 개설하면서 시작한 '모베러웍스'라는 브랜드는 MZ세대 구독자와 적극적인 교감을 진행하며 브랜드를 공동으로 창작하고 있다.

모베러웍스는 가벼움과 솔직함, 그리고 참여감을 자신들의 브랜딩

요소로 꼽았다. 브랜드를 일방적으로 소비하게 만드는 구조가 아닌 생산활동에도 고객을 참여시킨다는 이야기이다. 브랜드와 제품이 성장하면서 고객도 함께 성장하는 구조의 디자인이다. 많은 스타트업 창업자들이 브랜드와 제품의 성장에 초점을 맞춰 달리고 있다. 하지만 고객은 자신이 공감하지 않은 내용에 대해서는 지갑을 열지 않으며 공감을 사지 못한 브랜드와 제품은 그대로 묻혀버리고 만다.

하버드대학의 성공학 강의에서는 상대방의 생각과 의견을 경청하는 것은 존중과 이해를 표현하는 방식이며 갈등과 충돌을 해결하고 오해를 푸는 데 매우 유리한 방법이라는 내용이 나온다. 또한 당신과 대화하는 사람은 당신보다 자기 자신에게 더 관심이 많다며 당신을 좋아하게 만들고 싶다면 반드시 그의 이야기를 들어주어야 한다고 전한다.

하버드 경영대학원 딘 후안 교수는 인터뷰 전에 아무런 준비 없이 시작하지 않는다고 한다. 인터뷰에서 무슨 말을 할지 미리 정하고 나가는데 상대방에 대한 이해를 근거로 그가 어떤 이야기를 할지 미리 예측하고 말을 준비한다는 것이다.

진심으로 마음을 터놓고 자신을 드러내는 것. 브랜딩은 어쩌면 솔직하게 있는 그대로를 보여주는 것일지도 모른다. 여기에 반응하는 고객들은 브랜드를 함께 키우며 브랜드의 정체성을 확립해나간다. 퍼스널 브랜드이건 제품을 판매하는 기업의 브랜드이건 관계없이 말이다. 그 작업이 분명하게 가능해진 시대 속에 우리는 지금 살고 있다.

4. 확장에 대한 하버드씽킹

언제부터인가 편의점에서 고가의 물건을 판매하기 시작했다. 250만 원에 달하는 최고급 위스키를 구매할 수도 있고 1,000만 원이 넘는 이동형 주택도 편의점에서 구매할 수 있는 세상이 되었다. 이뿐 아니라 최고 7,000만 원이 넘는 럭셔리 캠핑카도 이제 편의점에서 주문서를 넣을 수 있게 되었다. 편의점은 마트와 백화점을 초월해 이제 어엿한 만물상이 된 것이다. 냉장고와 에어컨, TV도 편의점에서 사는 고객이 늘고 있다.

패스트푸드 전문점인 버거킹은 햄버거와 커피 등을 정기구독할 수 있도록 시스템을 마련해두었고, 이는 국내의 MZ세대로부터 큰 공감을 얻어 프로세스를 확장해나갈 수 있게 되었다.

미국의 아마존(Amazon)은 '아마존 약국(Amazon Pharmacy)'이라는 처방약 온라인 판매 서비스를 시작하게 되었는데, 이는 코로나19의 유행에 발맞추어 새로운 생태계의 테두리를 확장하여 디자인하는 모습이었다.

이처럼 왜 세계의 많은 브랜드는 기존 서비스 타입의 확장을 통해 브랜드의 성장을 추구하는 모습을 보이는 것일까?

2021년에 발행된 하버드비즈니스리뷰에는 2020년 델타항공이 코로나19라는 위기에 맞대응하며 변화해가는 모습이 소개되어 있다. 델타항공은 비행기 좌석의 중간 좌석을 비워가며 고객이 여행에 대해 편안한 마음을 가지도록 유도했다. 변화에 대한 논의는 항상 전 세계 경영진들 간의 대화에 핵심 화두이며 어떤 논의든 관계없이 마지막은 늘 변화에 대한 내용으로 끝이 나곤 한다.

앞서 변화에 대해 뛰어난 적응력을 가진 기업의 9가지 요인에 대해 목적성, 방향성, 연결성, 수용력, 연출력, 확장성, 개발력, 행동력, 유연성이라고 하버드비즈니스리뷰는 소개한 적이 있는데, 여기서 델타항공은 목적성, 연결성, 행동력 측면에서 탁월한 모습을 보이며 코로나19를 뛰어나게 대처했다는 평가다.

실제로 델타항공의 중간 좌석 비워두기로 인해 2020년 4분기 좌석 판매량이 경쟁사보다 9%나 낮게 집계됐음에도 불구하고 매출은 평균보다 12%나 높게 측정되었다. 변화 역량은 매우 중요하다. 고객들은 중간 자리 비우기에 대한 비용을 기꺼이 지불할 의사가 있었던 것이다. 델타의 경영진은 이를 예측했고 결과는 적중했다.

이 같은 내용을 통해 변화에 대한 기업의 의지가 얼마나 중요한지 알 수 있다.

치킨 브랜드 BBQ를 운영하는 제너시스 그룹은 2000년부터 치킨 대학을 설립해 애정을 쏟고 있다. 이 치킨대학은 치킨을 연구하는 세계 최초의 대학이다. 치킨대학 내에는 연구기관인 세계식문화과학기술원이 있는데 30여 명의 석·박사급 연구진들이 0.01%의 맛을 찾아내기 위해 연구에 매진하고 있다고 한다.

이처럼 남들과 다른 발상은 변화를 이끌어내는 동력이자 그 움직임의 시발점이 된다. 결국 얼마나 많은 변화에 대한 의지를 가지고 있느냐가 곧 서비스 확장으로 가는 지름길이 되는 것이다.

여전히 세계의 많은 경영진은 변화를 논의한다. 변화는 서비스와 브랜드의 수명을 연장시키는 심폐소생술이며, 확장은 이 과정에서 사용되는 산소호흡기와도 같다.

Summary

1. 현존하는 대기업도 처음에는 모두 스타트 업이었다. 스타트 업 성장은 리더의 혁신적인 마인드와 경영 스타일 변화에 있다.

2. 컴퓨터를 제조하던 IBM은 CEO가 교체되자 솔루션 기업으로 탈바꿈하여 성공을 이루었다.

3. 대기업이 성과를 추구한다고 하면 스타트업은 성장을 추구한다.

4. 창업자의 창의적 기량은 기업을 선두주자로 만들기도 한다.

5. 진심으로 마음을 터놓고 자신을 드러내는 것. 브랜딩은 솔직하게 있는 그대로를 보여주는 것일지도 모른다.

6. 이제는 신비주의가 통하지 않는 시대가 되었다.

7. 상황에 따라 우리는 브랜드 확장을 시도해야 한다. 아마존(Amazon)은 '아마존 약국(Amazon Pharmacy)'라는 온라인 판매 서비스 확장으로 코로나 19 유행에 대비했다.

8. 변화에 대한 의지가 곧 서비스 확장의 의미다.

디자인씽킹

1

디자인씽킹

1. 세종대왕의 디자인씽킹

조선시대를 대표하는 가장 유명한 왕이 누구였느냐는 느닷없는 질문을 대한민국 국민 아무에게나 던진다면 아마 세종을 먼저 떠올리는 사람이 대부분일 것이다. 사실 조선시대 왕들의 시호에는 '대왕'이라는 기록이 모두에게 남아있다. 하지만 특별한 경우를 제외하고 대부분 사람은 조선시대를 대표하는 대왕을 세종으로 기억하고 있다.

세종은 우리들의 인식 범위 내에서 조선의 군주로만 존재하지 않는다. 세종문화회관이라는 공간에서도 세종이 존재하고, 세종대학교라는 교육기관에서도 역시 세종은 존재한다. 세종특별시라는 도시에도 세종은 있다. 그뿐만이 아니다. 우리가 금전거래를 할 때 사용하는 만 원짜리 지폐에도 세종이 존재하는데, 세종 외에 그 어떤 군주도 대한민국의 지폐나 동전에 등장하지 않는다.

우리는 왜 유독 세종만을 존경하고 기리며 지내는 것일까?

가볍게 세종대왕을 알아보기 위해 관련된 책을 펼쳐도 대한민국 역사 공부 심화 학습반 수준의 어려운 용어와 함께 이해하기 힘든 당시의 시대 배경까지 덩달아 학습해야 하는 구조와 맞닥뜨려야 한다. 이 때문인지 역사에 크게 관심이 없는 대한민국 국민은 세종에 깊게 접근하지 못한다. 단지 우리가 사용하는 언어를 만드신 분 정도로만 기억하고 있다.

하지만 세종의 업적과 그 자취를 되짚어 보면 현대사회의 디자인씽킹(Design Thinking)이나 디자인경영(Design Management)적 요소가 상당 부분 존재함을 알 수 있었다. 다시 말해 단지 역사 속 인물에만 국한된 채 세종을 받아들이는 것이 아니라 그를 디자인 경영자로 이해하며 좀 더 효율적으로 세종의 존재에 접근할 수 있는 방법이 있다는 것이다.

우리가 정확히 인지하지 못하고 있을 수 있지만 세종은 이전 세대 속 인물이 아닌 이 시대의 공간이자, 교육기관이자, 하나의 도시이다. 이 같은 현상은 우리가 위대하고 큰 어떤 비전을 수립할 때 세종의 네이밍을 우선순위로서 고려하고 있다는 의미가 되기도 한다.

세종은 통치자였지만 조선시대 왕들 중 디자인씽킹에 가장 능한 군주였으며, 높은 자리의 왕으로 군림하기보다 디자인경영을 통해 참모들의 의견을 먼저 경청하는 의사결정 패턴을 보여주었다.

실제로 대표자의 이러한 디자인경영을 통해 성공한 기업이나 단체의 이야기는 이 시대 우리 주변에서 쉽게 접할 수 있다. 다시 말해 디자인씽킹이나 디자인경영의 효율적인 방법론들은 시대를 막론하고 그 가치의 효용이 여러 분야에서 입증되고 있다는 걸 알 수 있다. 다음 칼럼부터는 이러한 내용들을 세종대왕과 연관 지어 다루려 한다.

2. 세종, 경청의 군주이자 조선 최고의 디자이너

미국 IDEO사의 CEO인 팀 브라운은 디자인씽킹에 대해 다음과 같이 정의 내린 바 있다.

> "디자인씽킹은 문제를 해결하고 세상을 바꾸는 발명이다."
> <팀 브라운>

디자인씽킹은 디자이너들의 혁신적인 사고방식을 일컫는다. 여기서의 핵심은 디자이너처럼 창의적인 생각을 하는 자세와 공감 능력이다.

미국 스탠포드대학의 D스쿨에서는 디자인씽킹에 대해 교육하는데 이는 비학위 과정임에도 불구하고 학생들로부터 매우 높은 인기를 지속하고 있다.

D스쿨에서 말하는 디자인씽킹의 5단계는 다음과 같다.

<디자인씽킹 5단계>
- 공감하기
- 정의하기
- 아이디어 내기
- 프로토타입
- 시험·검증하기

세종대왕이 디자이너의 사고방식으로 행동한 디자인씽킹의 예시는 아래와 같다.

세종은 조선의 군주로 취임할 당시 "그대들의 의견을 듣겠다."고 취임 일성을 전했다. 이를 통해 경청을 통한 공감의 의지가 매우 강했음을 짐작할 수 있다. 세종실록에 자주 등장하는 문구도 "경들의 생각은 어떠하오?"였다. 이처럼 세종은 듣기를 게을리하지 않고 신하들의 소리에 귀를 기울여 그들의 사정에 공감하는 태도를 취했다. 이를 통해 분열 대신 마음을 하나로 모으는 데 힘썼다. 군주 본인에 의한 공급 중심적인 태도를 버리고 수요 중심적 태도를 통해 문제를 정의하고 해결해 나가는 데 힘을 쓴 것이다.

우리나라는 누리호 2차 발사의 성공으로 우주 강국으로 거듭날 수 있었는데, 이러한 우주 강국은 세종대왕 때부터 철저히 준비되어 오기 시작했다. 1442년 세종 24년에 완성된 역법 '칠정산 내편(七政算 內篇)'과 '칠정산 외편(七政算 外篇)'에는 하늘에서 일어나는 별의 일주운동과 일식, 월식 등 천문 현상을 관측하고 조사한 내용을 담았다.

칠정산을 통해 계산한 한 해의 길이는 실제 지구 공전주기를 계산한 값과 거의 차이가 없을 정도로 일치했고, 1442년 당시 이와 같은 천문학 계산이 가능했던 나라는 아라비아와 중국, 그리고 조선 외에는 없었다고 한다.

세종은 아이디어를 내고 프로토타입을 만든 후에 시험과 검증을 통해 디자인씽킹을 완성해 낸 것이다. 세종실록에는 '역법에 더 아쉬움이 없다 하겠다(세종실록 156권)'라는 말로 칠정산의 가치를 평가한 내용이 나온다. 한글 창제와 더불어 다양한 업적을 남긴 세종대왕은 이처럼 현대인들이 잘 기억하지 못하는 우주과학의 분야에서도 디자인씽킹을 통한 리더십을 발휘했다.

세종은 다방면에 있어 지식이 탁월했고 꾸준한 독서와 학습을 게을리하지 않은 군주였지만 정작 그의 리더십에는 뛰어난 지식이나 화려한 언변보다 자기 자신을 비워낸 후 신하들의 말에 귀를 기울인 '경청'이 큰 부분을 차지하고 있었다.

경청을 하기 위해선 먼저 비워내야 한다. 그릇이 가득 차 있으면 더 이상 아무것도 담을 수 없다. 자신의 지식이나 경험, 그리고 자의식으로 가득 찬 그릇을 비워내야 한다. 그런 뒤 귀를 기울이고 마음을 기울여 듣는 경청(傾聽)을 행해야 한다. 경청은 공감하기의 출발이자 디자인씽킹의 첫 단계이다. 세종이 이 분야에 힘썼던 건 그가 디자인씽킹에 아주 능한 군주였기 때문은 아닐까.

3. ESG의 외길을 걸어온 파타고니아

제품을 최대한 많이 판매해야 하는 마케팅 영역에서 도리어 자기 제품을 사지 말아 달라고 광고하는 이해하기 힘든 업체가 있다. 바로 '지속 가능한 패션'을 추구하는 파타고니아이다. 유행에 민감하게 반응하며 1~2주 단위로 신제품을 선보이는 패스트패션이 의류업계를 선도하고 있는 현대 시대는 빠르게 제작되고 버려지는 옷들로 인한 환경오염이 심각한 상황이다. 파타고니아는 친환경 재생 소재의 옷들을 생산하며 환경보호를 위해 노력한다. 파타고니아의 티셔츠를 사면 플라스틱 물병 4.8개를 줍고, 자투리 원단 118g과 물 238L를 재활용하는 셈이 된다고 한다.

"우리 옷을 사지 마라"

위 문구는 파타고니아의 광고 문구이다. 파타고니아는 이런 광고를 통해 최대한 기존 제품을 수선해서 오래 입으라는 메시지를 담는다. 재빠르게 유행을 타는 패스트패션과 대치되는 브랜딩이다.

MZ세대에게 큰 인기를 얻고 있는 브랜드인 프라이탁 역시 버려진 트럭 방수포와 자동차 안전벨트를 재활용해 가방을 만든다. MZ세대는 소비활동에서 윤리적 가치도 함께 고려하는데 환경문제에 대한 고찰과 공정성을 담은 윤리적 소비가 소위 '힙'한 것으로 인식해 패스트패션에서 지속가능한 패션(Conscious Fashion)으로 관심을 돌리고 있는 추세다. 실제로 패스트패션 브랜드 Forever21은 법원에 파산보호 신청을 냈고, H&M은 3년 연속 이익이 감소하는 추세에 있다.

'우리 옷을 사지 마세요.'라고 강조하는 파타고니아는 패션에서의 지속 가능성을 강조하며 기존 제품을 수선해서 오래 입으라고 말을 하는데, 이는 노이즈 마케팅이 아니다. 실제로 파타고니아가 아닌 타사의 다른 브랜드 옷도 무상으로 수선해주는 환경보호의 모습을 보이고 있기 때문이다.

가성비를 추구하던 패스트패션은 환경문제에는 관심이 없었고 매출은 점점 하락하고 있다. 반면 환경문제에 큰 관심을 갖고 새것을 사기보단 기존의 옷을 수선해서 입으라는 메세지를 전하는 파타고니아는 MZ세대의 확실한 선택을 받고 있다. 친환경을 입는다는 개념의 윤리의식이 현시대에 큰 울림을 준 것이다.

ESG 경영을 위해 모든 기업이 팔을 걷어붙이고 브랜드의 방향성을 환경 쪽으로 틀고 있다. 하지만 ESG에 대한 붐이 일기 전부터 파타고니아는 시대의 문제에 공감하고, 자기 브랜드의 정체성에 대한 정의를 내린 후 일관된 모습으로 친환경 제품 생산의 모습을 이어가고 있다.

친환경을 외치는 건 누구나 할 수 있는 일이다. 하지만 친환경을 실현하는 건 말처럼 그리 녹록하지만은 않다. 보여주기식 ESG 경영은 되려 생산 설비를 위한 더 많은 탄소배출을 불러올 수도 있기 때문이다.

"우리는 우리의 터전, 지구를 되살리기 위해 사업을 합니다"

이는 파타고니아의 기업 사명이다. 파타고니아가 말하는 최고의 제품에 대한 정의에는 패스트패션의 지향점과는 달리 '수선이 용이해야' 한다는 점이 명확히 나타나 있다.

관습을 탈피하고 새로운 길을 찾는 건 늘 위험 요소가 따른다. 그만큼 미래가 불투명하기 때문이다. 하지만 파타고니아는 일관된 브랜드 정체성으로 남들이 하지 못한 것을 해내며 남들보다 더 우수한 브랜드력을 나타내게 되었다. 파타고니아의 디자인씽킹은 어찌 보면 독보적인 영역으로 평가내릴 수 있을 것이다.

4. 공감의 비즈니스

역지사지라는 말이 있다. 상대방의 입장에 서서 생각해보자는 말인데, 이 역지사지는 공감의 능력을 불러오고 그 과정을 통해 새로운 비즈니스를 탄생시키기도 한다.

국내기업인 블루레오(Bluereo)는 이를 닦을 때 거동이 불편하여 양칫물을 뱉기 어려운 장애인의 입장에 서서 칫솔의 기능을 분석하기 시작했다. 장애인의 상황을 공감하며 역지사지로 칫솔 제품에 대해 다시 생각하게 되었고, 그 결과 치과에서나 볼 수 있었던 석션이 탑재된 칫솔을 개발해 낼 수 있었다. 상대방의 입장에 대해 공감하기 시작하면 이처럼 새로운 비즈니스 창출의 기회를 포착할 수 있게 된다. 평소에 장애인을 상대로 한 봉사활동을 많이 한다면, 공감하기 능력을 통해 이 같은 아이디어를 얻기에 더욱 용이할 수도 있다.

가전 제품회사인 필립스는 주로 어린아이들이 MRI 촬영에 대해 공포심을 갖는 걸 알게 되었고, 그 과정에서 거부감을 줄이기 위한 공감의 노력을 진행하였다. 그 결과 필립스 가든 스캐너라는 제품을 개발하게 되었는데, 이는 어린아이들이 MRI 촬영을 하기에 앞서 자신이 가지고 있는 장난감을 먼저 작은 MRI 기계에 넣어 촬영할 수 있게 하는 장치이다. 이를 통해 아이들은 MRI 촬영을 끝낸 장난감이 멀쩡하다는 걸 두 눈으로 볼 수 있게 되었고, MRI에 대한 거부감을 낮추며 촬영에 임하게 되는 결과를 얻게 되었다.

이처럼 상대방에게 잊지 못할 경험을 제공하려면 먼저 상대의 '맥락'을 이해할 수 있어야 한다. 먼저 상대방의 니즈를 찾아내야 하는데 그 사람을 이해하기 위한 끊임 없는 노력이 선행되어야 한다.

모든 사람은 서로 다 다르다. 다름의 상황 속에서 '상대방이 나와 다름'을 먼저 인정하고, 이해하며 관찰하고 공감해야만 그에게 새로운 의미적 가치를 설계해 줄 수 있는 것이다. 공감의 기능을 하는 나의 퍼스널브랜드를 설립하는 데 있어 브랜드의 목적과 관점을 먼저 정립하는 게 필요하다.

브랜드의 목적은 '과연 누구를 도울 것인가'라는 질문에서부터 출발한다. 어떤 고객이 어떤 가치를 얻게 될 것인지를 디자인하는 것이 이 문제의 핵심이라고 할 수 있다. 고객의 삶에서 결핍된 문제를 발견하고, 이 문제에 대해 깊이 공감한다면 새로운 비즈니스의 기회를 찾을 수 있으며 고객과 더 가까워질 수 있다.

삼성전자는 새로운 세탁기를 만들기 전에 대상이 되는 고객을 먼저 관찰했다. 그러자 아이가 있는 집에서는 세탁기에 빨래를 넣기 전에 애벌빨래를 먼저 한다는 걸 확인할 수 있었다. 그렇게 삼성전자는 고객의 결핍된 부분을 해결하는 신제품을 기획하게 되었고, 이로써 액티브워시라는 제품이 세상에 출시될 수 있었다.

고객에 대한 리서치를 한 후 그 내용을 종합하여 1명의 고객 페르소나를 만드는 방법도 중요한 공감의 방법론이 될 수 있다. 특정 고객의 캐릭터를 먼저 만든 뒤 그 사람을 100% 만족시키는 전략을 취하는 것이다. 배달의 민족을 운영하는 우아한형제들은 이 기법을 잘 활용하여 거대 기업으로 성장하는 데 성공할 수 있었다.

5. 문제를 문제답게 정의하기

공감하기를 통해 고객의 결핍을 확인했다면, 고객이 처한 문제를 문제답게 정의하는 과정이 필요하다. 여기서는 3가지 속성을 체크 해봐야 한다.

<문제정의의 3가지 속성 체크>
- Real - 진짜로 해결이 필요한 문제인가?
- Valuable - 보다 많은 가치가 창출되는가?
- Inspiring - 나 또는 사회에 영감을 주는 문제인가?

디자이너 한스 헨드릭스(Hans Hendricks)는 아프리카의 물 부족 국가가 가진 문제에 대해 공감하고 이를 정의하는 노력을 지속해 왔다. 그 결과 이들이 가진 가장 큰 문제는 물을 길어다가 집까지 옮겨오는 과정에서 느끼는 불편함이라는 것을 알게 되었다.

단순한 불편이 아니었다. 식수가 부족한 아프리카의 여러 나라에서는 주로 여성과 아이들이 하루에 수 km를 이동해 물을 길어오는데 이 과정에서 야생동물의 습격을 받거나 범죄에 노출되기도 한다. 양동이에 물을 길어 머리 위에 올린 상태에서는 걸음걸이의 속도가 더 느려질 수밖에 없기에 이들의 생활환경은 더욱 취약하게 비춰졌다.

한스 헨드릭스는 물통을 굴려 끈으로 끌고 가는 Q드럼을 개발했고,

이 물통을 통해 식수가 부족한 나라의 주민들은 50리터나 되는 많은 양의 물을 손쉽게 운반할 수 있게 되었다. 한 디자이너의 올바른 문제정의가 새로운 아이디어의 발상을 불러왔고, 이를 통해 새로운 디자인으로 문제해결이 이루어질 수 있게 된 것이다.

문제정의는 고객의 입장에서 문제를 바라보고 또 고객의 불편을 찾는 순서로 진행되는데 "어떻게 하면 우리가 ~을 ~할 수 있을까?"라는 가치 제안을 던지며 진행하면 된다.

예를 들어 보면, 10대 여학생들의 영양 불균형 현상에 대한 문제를 바라봤을 때 "입맛이 까다로운 10대 여학생들이 건강한 생활을 할 수 있도록 하려면 영양이 있는 음식을 섭취해야 한다."라는 문장을 도출해 낼 수 있다.

여기서 고객의 불편을 찾아야 한다. "어떻게 하면 우리가 ~을 ~할 수 있을까?"라는 가치 제안을 통해 다가가 보면 "어떻게 하면 우리는 입맛이 까다로운 10대 여학생들에게 어필할 수 있는 건강한 식사를 만들 수 있을까?"로 문제를 정의하고 새로운 아이디어를 창출해나갈 수 있다.

상대방에 대해 공감하고 관찰하는 과정에서 발견된 모든 통찰과 니즈를 합쳐 실행이 가능한 문제로 정의를 내려야 한다.

6. 故김광석의 디자인씽킹, 그리고 마지막 해외 공연

노래하는 철학자, 또는 노래하는 시인으로 불리는 故김광석은 한국이 낳은 전설적인 뮤지션임에 반론의 여지가 없을 것이다. 그가 남긴 수많은 명곡들은 지금도 후배 가수들에 의해 애창되고 있고, 비록 세상을 떠났지만 한국의 기성세대들은 아직도 그를 좋아한다.

김광석이 노래를 만들어 대중들 앞에서 부르는 모습은 많은 이들의 가슴을 울리고 또 감동을 줬는데, 이 프로세스가 디자인씽킹 프로세스였다는 걸 아는 사람은 그리 많지 않을 것이다.

IDEO 대표 팀 브라운의 3단계 디자인씽킹은 다음처럼 구성되어 있다.

<팀 브라운의 3단계 디자인씽킹>
- 영감
- 아이디어
- 구현

디자인씽킹은 관찰이나 공감을 통해 주로 영감을 얻게 되는데, 김광석은 자신이 처한 상황을 직접 관찰하고 또 깊이 있는 공감을 통해 노래를 만들어냈다.

그는 짝사랑을 할 때 '사랑했지만'이라는 곡을 만들었고, 군대에 입대할 때는 '이등병의 편지'를 작곡했다. 어느덧 서른이 되자 '서른 즈음에'라는 곡을 만드는 등 김광석의 삶에 처한 모든 상황들은 김광석에게 관찰되었고, 김광석에게 공감되었다. 이를 통해 그가 위대한 명곡에 대한 영감을 얻을 수 있었던 것이다. 그렇게 만들어진 노래는 대중들에게 수많은 귀감을 주었다.

1995년 가을, 필자는 미국 펜실베이니아 대학에서 유학 생활을 하던 때 김광석이 뉴욕 공연차 미국에 왔다는 소식을 지인을 통해 전해 듣게 되었다. 당시 대학원 학생회장을 맡고 있었기에 김광석의 대학교 교내 공연은 꼭 한번 진행해보고 싶었던 일이기도 했다. 김광석과 연락을 주고받은 뒤 펜실베이니아대학교 대공연장에서 김광석의 공연을 추진할 수 있게 되었다.

감사하게도 학교 근처 여러 상점들의 후원을 통해 공연의 게런티를 마련할 수 있었는데, 그 덕분에 공연은 무료로 진행되었다. 공연이 시작되자 김광석은 힘들게 유학 생활을 하고 있는 한인 학생들의 처지에 깊이 공감하며, 무료 공연으로 이 시간을 함께할 수 있게 되어 매우 기쁘다는 말을 전했다. 펜실베이니아대학 근처 드렉셀대학교와 템플대학교의 한인 유학생들도 이 공연에 참여하여 함께 즐길 수 있었다.

김광석의 노래는 특유의 울림과 위로가 있다. 자신이 처한 모든 상황에 대한 공감으로 만든 그의 노래는 그 노래를 듣는 모든 사람으로 하여금 큰 공감을 불러왔고, 노래로 정의된 그의 철학은 많은 이들이 향유할 수 있었다.

1995년 11월 21일 미국 펜실베이니아 대학교 무료공연. 아마 이 공연이 공식적인 그의 마지막 해외 공연이었을 것이다. 1996년 1월, 그가 세상을 떠나기 전까지 말이다.

공연을 끝내고 필자는 김광석 부부와 함께 필라델피아 외곽 지역을 투어했다. 딸아이의 선물을 마련해가고 싶다며 쇼핑몰을 찾아다니던 김광석의 마지막 모습은 아직까지도 눈에 선명하게 남아있다.

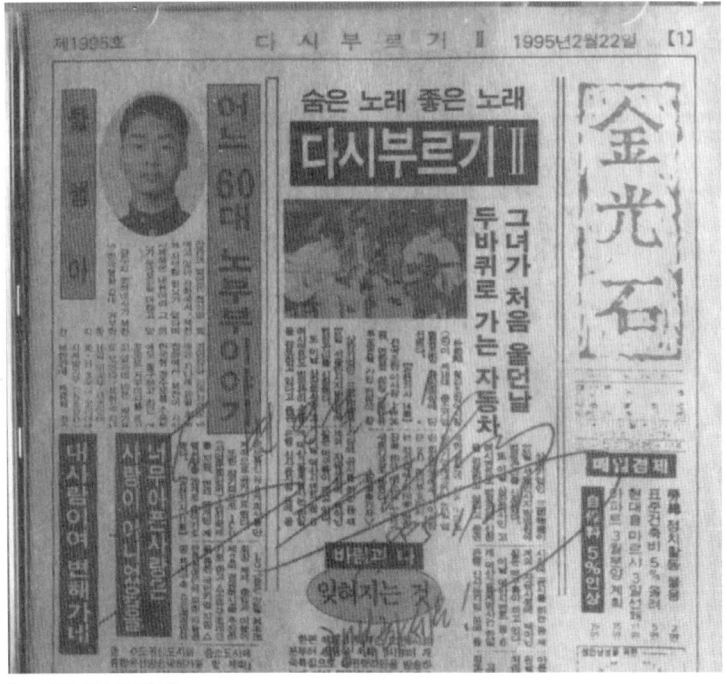

(김광석에게 받은 친필 싸인CD)

7. 디자인씽킹 X 하버드씽킹

디자인씽킹이 가진 구조적 논리의 핵심은 기존 사고에 대한 혁신일 것이다. 디자이너처럼 사고하고 디자이너처럼 실행에 옮기는 사고는 지금보다 더 나은 삶에 대한 기대를 충족시킬 수 있도록 구조화되어있다. 디자인씽킹의 출발은 다름 아닌 '공감'이다.

애플의 창립자인 스티브 잡스는 신제품 개발에 대해 이렇게 말했다.

> "정말로 좋은 디자인을 원한다면 제품을 '이해'하라.
> 과연 어떤 제품인지, 진정으로 공감하고 완전히 이해해야 한다."
> <스티브 잡스>

우리가 어떤 제품을 만들 때 그 제품에 대해 깊게 이해하고 공감한 상태로 출발해야 한다는 말이다. 만약 제품이라는 존재가 스스로 만들어지기 전부터 말을 할 수 있다고 가정한다면, 우리는 그 제품이 하는 말을 깊게 경청하고, 제품의 생각을 읽은 뒤 제품이 나아가야 하는 방향에 대해 깊게 고민할 수 있었을 것이다.

공감의 출발은 경청이다. 세종대왕도, 삼성의 창립자인 이병철 회장도 '경청'을 강조했다. 상대방의 의견을 경청하지 않은 채 상대방에게 어떤 행동을 한다는 건 어찌 보면 생각 없이 하는 행동이 될 수도, 무례한 행위가 될 수도 있다.

하버드씽킹을 구조화할 때 등장하는 제품, 공간 그리고 도시의 세 가지 플랫폼. 여기서 우리가 하버드생처럼 기능할 수 있도록 해 주는 제품 플랫폼. 이 하버드씽커라는 제품이 만들어지기 전부터 우리는 그 모습에 대해 깊게 고민하고 이해한 뒤 공감하는 디자인씽킹의 자세가 선행되어야 할 것이다.

하버드씽킹을 통해 하버드생처럼 생활할 수 있다는 건 정말 가슴 뛰는 일이다. 하버드씽킹은 사람들과의 관계 속에서 그 존재의 가치가 드러나게 될 것이다. 결국 하버드씽킹은 상대방의 말을 경청한 뒤 공감하고 그 문제에 대해 함께 고민하는 과정에서 적절한 솔루션을 제공해줄 때 더 빛을 발하는 것이다. 디자인씽킹의 방법론과 많은 부분이 닮아있다.

우리가 '특전사씽킹'을 하지 못하는 건 특전사 훈련을 받지 못했기 때문이다. 결국 특전사들 처럼 몸을 단련하는 생활을 경험하지 못했기 때문에 그런 씽킹을 하지 못하는 것이다.

만약 우리가 아직 '하버드씽킹'을 하지 못하고 있다면, 그건 아직 그만큼 머리를 사용하지 않고 있기 때문이라고 생각한다. 특전사처럼 힘들게 몸을 사용할 필요 없이 머리만 사용하면 된다. 훌륭한 지적 수준을 자랑하는 하버드 출신자들이 문제의 상황 앞에서 도출해내는 유연한 솔루션! 그 솔루션이 어떻게 나올 수 있었는지 그 방법을 수집하고 계산하다 보면, 어느새 우리도 하버드씽커가 되어 있을 것이다.

세상의 모든 문제는 해결을 위해 주어진다. 어떤 이는 어려운 문제 앞에서 "하버드생도 못 풀 문제"라는 식의 표현을 쓰기도 하지만 그런 문제를 하버드생이 아닌 우리가 풀어낼 수 있을지도 모를 일이다.

하버드는 대학이라기보다는 개념이다. 우수한 브레인을 일컫는 일종의 표현인 것이다. 우리나라의 서울대와 그 단어적 쓰임새가 비슷하다. 우리는 하버드씽커가 되어야 한다. 하버드생은 하버드에서 하는 교육을 받으면서 생활한다. 그 교육을 우리가 찾아서 받으면 된다. 우리가 몸을 쓰는 특전사씽커는 될 수 없지만, 머리를 쓰는 하버드씽커는 얼마든지 될 수 있다. 우선 하버드씽커가 되고 난 뒤 하버드식으로 문제를 해결하자. 그럼 주위의 시선이 달라질 것이다.

공감. 그를 위한 경청. 이는 수십 번 강조해도 지나침이 없는 단어들이다. 일단 하버드씽커가 되어라! 그다음 디자인씽킹을 통해 문제를 해결한다면 당신은 이미 슈퍼스타가 되어 있을 것이다.

Summary

1. 디자인씽킹은 디자이너들의 혁신적인 사고방식을 일컫는다. 여기서의 핵심은 디자이너처럼 창의적인 생각을 하는 자세와 공감 능력이다.

2. 조선시대 왕 세종이 현시대에도 공간, 도시로 존재하고 있는 건 세종의 디자인씽킹 덕분이다.

3. 세종은 아이디어를 내고 프로토타입을 만든 후에 시험과 검증을 통해 디자인씽킹을 완성했으며 무엇보다 '경청'을 중요시했다.

4. 의류 브랜드 파타고니아는 친환경을 위한 경영으로 MZ세대의 사랑을 받고 있다. 이는 시대의 문제에 공감하는 디자인씽킹으로 가능했다.

5. 상대방의 입장에 대해 공감하기 시작하면 새로운 비즈니스 창출의 기회를 포착할 수 있다.

6. 브랜드의 목적은 '과연 누구를 도울 것인가'라는 질문에서부터 출발한다.

7. 디자인씽킹은 관찰이나 공감을 통해 영감을 얻는데, 故김광석은 자신이 처한 상황을 직접 관찰하고 공감을 통해 명곡을 만들어냈다.

8. 나의 플랫폼을 어떻게 디자인할지 고민된다면 타겟층과의 소통이 우선시되어야 한다.

에필로그

사람들로부터 인정과 존중을 받게 된다는 건 참 기분 좋은 일이다. 단순히 기분이 좋은 것을 뛰어넘어 가슴 설레는 이 개념은 반드시 남들보다 뛰어난 어떤 가치를 내가 드러냈을 때만 가능해지며 드러낸 그 순간이 곧 출발점이 된다.

하버드대 출신들은 자신의 씽킹을 드러내지 않아도 걸어온 그 발자취를 통해 대부분 인정을 받게 된다. 통상적으로 약간의 차이에 의해 앞서게 되는 개념이 아니라 월등히 앞서게 된다면 경쟁심의 대상이 아닌 존중의 대상으로 변하게 되는 것이다.

우리는 보통 사람들과 다른 길을 걸어야 한다. 이 책을 집어 든 순간 당신에게 그 의지가 있음은 이미 확인되었다. 보통 사람의 취급을 받지 않는 여러 방법 중에서 필자가 제시한 하버드씽킹이 당신에게 유의미한 가치로 구조화되길 바란다.

하버드씽킹 뿐 아니라 플랫폼씽킹, 마지막으로 디자인씽킹에 이르기까지 다양한 사고방식과 방법론에 대한 제안을 담으며 본 책을 집필하였다. 사람들에게 인정을 받는 훌륭한 행동, 그리고 그 행동의 근간이 되는 멋진 씽킹이 이 책의 독자들로부터 발현될 수 있길 간절히 바라는 마음이다.

우리는 바다에 가야만 바다를 경험할 수 있다. 하지만 어제 바다를 다녀온 사람만이 바다씽킹을 할 수 있는 것은 아니다. 마찬가지로 최근에 바다에 다녀온 사람이 다녀오지 않은 사람과 비교해 바다를 더 잘 설명할 수 있다는 이론도 성립되지 않는다. 바다에 대한 설명은 바다에 대해 깊게 사고하고 탐구한 사람이 더 잘하게 된다.

학교를 다닐 때는 학생의 신분으로서 그에 걸맞는 씽킹을 추구하지만 졸업을 하고 시간이 점차 흐를수록 그 씽킹의 개념은 우리에게서 멀어져 간다. 이는 하버드대 출신자들도 마찬가지이다. 하버드씽킹은 하버드를 졸업한 사람에게만 주어지는 특권이 아니다. 누구라도 깊게 사고하고 탐구하면 가능해진다.

'하버드'가 단순한 교육 공간이 아닌 우월함의 척도라면 우리는 반드시 그를 추구해야 한다. 하버드씽킹을 통해 칼럼니스트가 되어라. 작가가 되길 바란다. SNS를 통해 당신의 우월함을 널리 알려라. 사람들로부터 존중받으며 새로운 기회와 마주하게 되는 계기가 될 것이다.

하버드씽킹은 지금 바로 시작해야 한다. 당신이 어떤 사람이건, 또 어떤 일을 하고 있건 관계없이 하버드씽킹은 당신의 가치를 한 단계 더 높여 줄 것이다. 이 책이 당신의 삶과 커리어에 좋은 디딤돌이 되어 줄 수 있길 간절히 바란다.

저자 장기민, 변병설

에필로그

하버드씽킹
HARVARD THINKING

: 하버드에 가지 않고 하버드 상위 1%의 마인드를 가질 수 있는 방법

초판 1쇄 발행 2022년 08월 29일

지은이	장기민 변병설
표지	구경표 (@paint_kk)
일러스트	류혜인 (@hyen_929.p)
펴낸곳	Deep&Wide
발행인	신하영 이현중
책임편집	신하영 이현중
도서기획	신하영 이현중 윤석표
주소	서울특별시 마포구 성미산로1길 21 사울빌딩 302호
이메일	deepwidethink@naver.com
ISBN	979-11-91369-30-4

ⓒ Deep&Wide

파본은 구입하신 서점에서 교환해 드립니다.
이 책은 저작권법에 의하여 보호를 받는 저작물이므로 무단 전재와 복재를 금합니다.